모두 같은 달을 보지만
서로 다른 꿈을 꾼다

모두 같은 달을 보지만 서로 다른 꿈을 꾼다

1판 1쇄 발행 2020년 1월 13일
1판 3쇄 발행 2022년 10월 21일

지은이 김동조

편집 은솔지 | **디자인** 스튜디오243
펴낸곳 아웃사이트
출판등록 2019년 11월 29일(제2018-000005호)
이메일 kimdongjo@kimdongjo.com

저작권자 ⓒ김동조, 2019
이 책은 저작권법의 보호를 받는 저작물이므로,
내용을 이용하려면 저자와 출판사의 동의를 받아야 합니다.

ISBN 979-11-968950-0-6 03300

값은 뒤표지에 있습니다.
파본이나 잘못된 책은 구입한 서점에서 교환해드립니다.

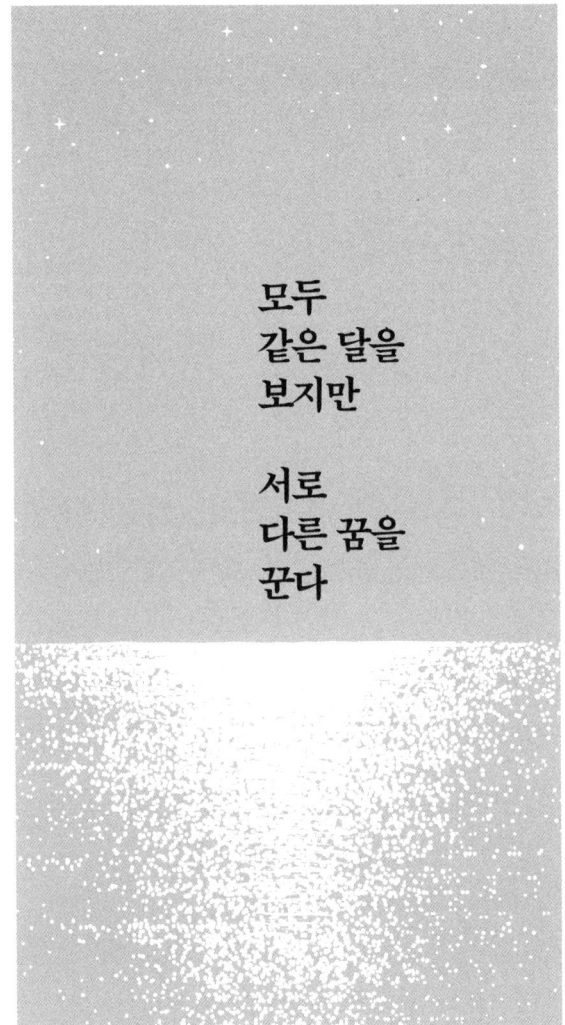

트레이더 김동조의 마켓일기

모두
같은 달을
보지만

서로
다른 꿈을
꾼다

김동조 지음

OUTSIGHT
PUBLICATIONS

서문

이 책은 2015년 중순부터 2018년까지 김동조 블로그의 '시황'에 올렸던 글들을 정리해 엮은 것이다. 김동조 블로그에는 많은 카테고리가 있음에도 시황의 글들이 가장 많은 사랑을 받았다. 솔직하고 내밀한 글이기 때문일 것이다. 그 글들 중에서 다시 읽고, 함께 생각해보고 싶은 글들을 모았다. 이 글을 읽었던 독자들은 김동조 블로그의 회원이자 고객이지만, 나는 그들에게서 우정과 연대감을 느껴왔다. 이들이 없었다면 훨씬 더 고독하고 외로웠을 것이다.

    시장에는 언제나 총탄이 쏟아진다. 나는 늘 시장이 두려우면서도 좋았다. 이 책을 읽은 독자들이 그 이유에 공감할 수 있으면 좋겠다.

김동조

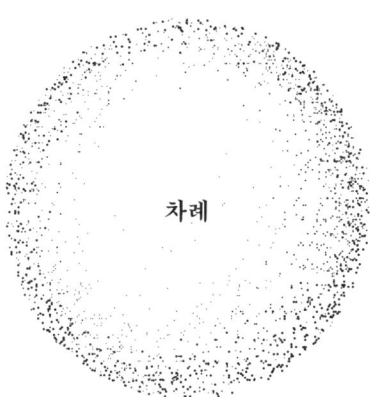

차례

서문	5
2015년	9
2016년	21
2017년	127
2018년	297

2015년

08.
18.

아무것도 하지 않는 것조차 엄청난 집중력을 필요로 한다.

돈을 버는 건 중요하지만 그보다 더 중요한 건 의미 없이 잃지 않는 것이다.

08.
20.

모든 나쁜 일에는 전조가 있다.

09.
04.

생각보다 금리가 많이 빠졌다.

오늘 산 것의 두 배는 더 샀어야 했다는 생각이 들지만, 이미 늦었다.

09.
14.

몇 달 전 대장 내시경을 하고 용종을 제거했다. 보험 신청을 해서 전액 환급을 받았는데 깜빡하고 진단서를 못 받았다. 의사에게 진료를 본 다음에 진단서를 받아야 한다고 해서 진료 신청을 했다.

병원에 가기 전에 세차를 하러 갔는데, 세차를 해주는 아저씨가 앞쪽 타이어 마모가 너무 심하다며 바꾸라고 했다. 그분이 말했다.

"사고 나는 거 순간이고 사람 목숨 금방이에요."

09.
22.

매수 포지션을 가고 싶다면 하락할 때 사야 한다.
　매도 포지션을 가고 싶다면 그 반대로 해야 한다.
　인간의 감정은 그걸 불가능하게 만든다.

10.
01.

2시 12분 어제 랠리를 놓친 건 아깝지 않았는데 오늘 랠리를 놓친 건 속이 쓰리고 억울하며 분하다. 단 3분의 찬스를 놓치면 들어가지 못한다. 그게 트레이딩이다.

2시 57분 코스피 선물은 유동성 높은 변동성 때문에 언제나 매혹적이다. 닛케이 선물은 추세가 잡히면 조정과 변동이 코스피만큼 심하지 않아서 안정적이다.

어떤 경우에는 내가 생각했던 패턴으로 손실을 보는 것이 새로운 패턴을 발견하는 좋은 기회가 된다. 지금의 손실은 아프겠지만 나중에는 돈이 될 것이다.

12.
12.

1.
어제 대학원 동기 두 명과 저녁을 먹었다. 나이가 드니 내게 밥을 사는 친구와 내가 밥을 사는 친구로 나뉘게 된다. 사업을 하는 친구들은 내게 밥을 사고 보통의 직장인 친구들에게는 내가 밥을 산다.

모 금융회사 팀장인 친구가 말했다.

"자기소개서에 가장 기억에 남는 일을 쓰라고 하면 스무 명 중 한 명은 자기 첫사랑에 대해 쓰더라고."

"질문자 의도와 상관없이 지가 하고 싶은 얘길 하는 거네."

"그렇지."

"남자들이지?"

"응, 전부."

2.

나는 내가 이해할 수 없는 것에는 관대하지 못하다.

   어떠한 경우에도 나를 이해하고 설명해주는 사람이 있다.

   그런 관계를 설명하는 것은 사랑이 아니다.

   그의 성품과 우리의 우정이 만나서 생기는 관계다.

12.
25.

투자에 대한 의사결정은 결국 혼자 내리는 것이다. 동료, 친구, 애인뿐만 아니라 뛰어난 애널리스트도 그 결정을 대신할 수 없다. 어차피 혼자 해야 한다면 혼자 있는 게 나쁠 건 없다.

가장 많이 하는 생각, 가장 많이 하는 말이 바로 나 자신에 대한 것이다. 하고 싶은 말을 할 상대가 없다면 글이라도 써야 한다. 좋은 글이라면 읽지 않을 도리가 없다.

같은 목적을 갖고 회사에서 함께한다는 것은 근사한 일이다. 하지만 투자는 결국 외로운 결정으로 수렴된다. 같이 있을 수는 있지만 같이 결정할 수는 없다.

2016년

01.
04.

우리나라에 노래 잘하는 사람이 10만 명쯤 있는 것 같다. 그중 대중의 사랑을 받을 수 있는 사람이 100명 정도는 될까. 노래만 잘한다고 가수는 아니란 거다.

정치인도 마찬가지다. 똑똑하다고 훌륭한 정치인이 되는 것은 아니다. 말과 글로 자신의 생각을 표현하지 못하는 정치인은 갖다 버리고 싶다.

01.
14.

"오늘 하루를 어떻게 살 것인가?"
 아무리 생각해도 이게 내 우주를 바꿀 수 있는 유일한 질문인 것 같다.

01.
17.

쯔위 사태에 대한 단상

트와이스 멤버 쯔위가 대만 국기를 손에 들었다고 사죄하는 모습에 많은 이가 공분을 느꼈을 것이다. 전에 미국 MBA스쿨에서 공부할 때, 재무 수업 시간에 돌아가며 자기소개를 했다. 한 중국인이 "나는 대만 출신이다"라고 말한 대만인에게 "대만은 국가가 아니다"라고 말했다. 나를 포함한 많은 학생이 "와우"하며 탄식했다. 그가 불편했던 이유는 "대만은 국가가 아니다"라는 그의 생각 때문이 아니었다. 그런 말을 대만인 앞에서 내뱉는 무례함과 국가주의 앞에서 이성과 예의를 잃는 모습 때문이었다.

　어린 대만 출신 가수의 손에 있던 대만 국기를 두고 온갖 관영 매체가 시끄럽게 흥분하는 이유는 중국의 지적 수준이 떨어져서가 아니라 언론의 자유가 없기 때문이다. 문제는 한국 역시 그 나라에서 돈을 벌고 있고, 눈치를 보지 않을 수 없다는 것이다.

중국의 지난 100년은 일본제국주의를 상대로 한 해방투쟁기, 극단적인 평등을 추구했다 처참하게 실패한 문화대혁명, 경제성장을 위해 시장경제를 수용하는 개방의 시기로 나눌 수 있다. 이들은 모순이 치유되지 않은 채 다음 모순으로 넘어갔다.

우리가 중국인들에게 자랑스럽게 말할 수 있는 것은, 대한민국은 중진국의 함정을 넘어 3만 달러에 달하는 1인당 GDP에 근접한 나라일 뿐 아니라 독재권력과 싸워 민주주의와 언론의 자유를 쟁취한 예외적인 나라란 것이다. 안타깝게도, 박근혜 정부하에서 자유는 퇴행 중이다.

고독에 대한 단상

고독을 찬양하는 책이 쏟아지고 있지만 혹할 필요는 없다. 인간은 혼자서 행복하지 않다. 관계가 만족스럽지 않다고 혼자서 행복을 느끼려 노력해봤자 결국 실패할 것이다. 관계에서 실패하고 있다는 건 고독 속에서 성장해야 할 때라는 걸 의미할 뿐이다.

인간은 무한한 욕망에서 허우적댄다. 인간의 욕망은 타인과의 관계 속에서 충족된다. 관계 속에서 욕망이 충족되지 않는 건 자신의 결핍 때문이다. 인간은 갈림길에 놓인다. 고독 속에서 나를 업그레이드해 다시 관계에 도전할 것인가, 지금의 내 수준과 타협할 것인가.

예수, 붓다, 공자, 맹자조차 혼자서 행복한 적은 없다. 그렇게 가르친 적도 없다. 그들 모두 잠시 몰입하는 방편으로 고독을 택했을 뿐이다. 자신이 성장했을 때 그들은 다시 관계로 과감하게 진입했다. 그들의 언어가 몇천 년을 살아남은 이유는 다 그 때문이다.

02.
03.

아이를 키우다 보면 아이의 반응이 '좋다'와 '싫다'에서 크게 벗어나지 않는다는 걸 알게 된다. 아이는 성장하면서 하기 싫은 일에 다른 대안이 없다면 해야 한다는 사실을 깨닫는다. 그 사실을 다른 사람보다 빨리 깨닫고 빨리 결단하는 게 능력이다. 어차피 할 일이라면 투정하지 않고 그 일을 빠르고 멋지게 끝내버리는 것. 어차피 하지 않을 일이라면 단호하게 상황을 정리하고 뒤돌아보지 않는 것. 이 두 가지는 전문가가 갖고 있는 속성의 거의 전부다.

요리는 재료가 거의 전부다. 요리를 하고 나면 설거지 정도는 누군가 해주길 바라는 게 사람 마음이다. 쌓인 접시들을 쳐다보다 어느 순간부터 그냥 해버리기 시작했다. 아무리 길어도 10분을 넘기지 않는다. 권위는 몸으로 때우거나 돈으로 메우지 않으면 생기지 않는다.

02.
27.

기억은 이상하다. 어제 외운 일본어 단어는 기억이 안 나는데 20년 전에 외웠던 단어는 아직도 기억난다. 나는 아버지에 대한 추억이 많지 않지만 상당히 황당하고 사소한 기억을 많이 갖고 있다. 예컨대 아버지가 몰래 주던 용돈 같은 것.

나의 아이들은 과연 나에 대한 무엇을, 어떻게 기억할 것인가.

03.
01.

말레이시아 여행 마지막 날. 코타키나발루 시내의 하얏트에 머물며 씨티투어를 했는데, 운전과 가이드를 해준 현지인 기사 오트만 씨가 인상적이었다. 영어를 꽤 잘해서 놀랐는데 물어보니 얼마 전까지 외항선을 탔다고 한다. 한국과 일본 배를 한번 타면 6개월 동안 바다 위에만 떠 있었는데 바다를 좋아하지만 고통스러웠다고 했다. 기억나는 대화의 일부를 옮겨본다.

"저 건물이 무슬림 법원이다. 이슬람교 신자(무슬림)가 잘못을 하면 저 법원에서 재판을 받는다. 결혼이나 이혼도 모두 저곳에서 정한다."
"무슨 뜻인가. 일반 법원과는 다르지만 강제력이 있다는 뜻인가?"

"그렇다. 예를 들어 라마단 기간에 술을 마시거나 음식을 먹다 적발되면 저곳에서 재판을 받는다. 감옥에 가기도 한다."

"만약 재판에 회부되기 전에 '더 이상 무슬림 안 할래'하고 종교를 바꾸면 어떻게 되나?"

"그럴 수 없다. 한 번 무슬림은 영원한 무슬림이다."

"그렇다면 자식은? 내 자식은 자신의 의지와 상관없이 무슬림이 되나?"

"그렇다. 우리는 기독교의 믿음을 배척하지 않는다. 하지만 알라는 최종적인 신이다. 최종적인 신은 바꿀 수 없다."

"라마단 기간이 언제인가?"

"올해는 6월이다."

"얼마 동안 금식하는가?"

"새벽 5시부터 저녁 6시까지 열세 시간 동안 아무것도 먹거나 마시지 않는다. 30일 동안이다."

"고통스럽지 않은가?"

"괜찮다."

"살 많이 빠지겠다."

"많이 빠진다. 게다가 몸이 좋아진다. 몸이 안 좋은 이유는 안 좋은 음식 때문인 경우가 많다. 절식을 하면 확실히 몸이 좋아지는 게 느껴진다."

"왕이 이슬람 율법을 어기면 어떻게 되나?"

"왕은 예외다. 왕은 모든 법에서 예외다."
"영어를 잘한다. 어디서 배웠나?"
"선원이었다. 한국과 일본 배를 주로 탔다."
"선원은 벌이가 좋지 않나? 왜 그만뒀나?"
"맞다. 많이 벌기도 하고 무엇보다 돈 쓸 일이 거의 없어서 돈을 많이 모았다. 선원에게는 직장이 바다고, 집이 바다고, 식당이 바다고, 침실이 바다다. 돈 쓸 일이 뭐가 있겠는가. 하지만 눈 뜨면 바다, 눈 감아도 바다다. 6개월 동안 매일 같은 자리인 게 정말 지겨웠다. 게다가 이제 56살이다. 더 이상 많은 돈이 필요하지 않다. 선원은 힘든 일이다."
"가끔은 그립기도 하나?"
"그렇다. 파도의 울렁거림이 그리워 혼자 배를 타기도 한다."

새뮤얼 헌팅턴의 《문명의 충돌》(김영사, 2016)을 읽는 것보다 무슬림 한 명과 이야기하는 게 더 흥미로울 때가 있다. 과연 종교의 자유라는 이름으로 시민의 자유와 여성의 인권을 어디까지 제약할 수 있는 것일까. 종교라는 이유로 법을 넘어서는 인신의 구속이 가능할 수 있는가. 종교를 포기할 자유가 없는 이슬람은 현대사회와 공존 가능한 종교인가. 여러 가지 의문과 상념이 든다.

당신이 라마단 기간 동안 술을 마시다 걸렸다. 당신은 무슬림 법원에서 재판을 받을 수도 있다. 죄의 경중에 따라 처벌받을 것이다. 그 처벌은 세속의 법과는 다른 법이다. 당신이 더 이상 무슬림이 아니라 주장해도 소용없고 자식들 또한 마찬가지다. 엄밀하게 말하면 무슬림은 종교의 자유를 허용하지 않는다. 당신이 무슬림으로 태어난 이상 당신은 무슬림이 아닐 수 없다.

하지만 당신이 여성의 인권과 시민의 자유를 이유로 그들을 비판하면 그때부터 이슬람은 종교의 자유를 이야기한다.《문명의 충돌》은 굉장히 거만하고 공격적이며 정치적으로 올바르지 않은 주장으로 가득하지만 범인凡人들은 넘볼 수 없는 단호함이 있다. 새뮤얼 헌팅턴이기에 가능한 주장들이다. 그의 단호함이 담고 있는 진실을 외면하기는 어려울 것이다.

03.
02.

1.
얼마 전 누가 10억의 꽁돈이 생기면 뭘 하고 싶냐고 물었다. 하고 싶은 일이 딱히 없다고 했다. 나는 입고 싶은 옷은 전부 사서 입고, 타고 싶은 차를 타고 있다. 딱히 더 좋은 동네의 더 좋은 집에 살고 싶은 생각도 없다. 책은 사고 싶은 대로 다 사고 있는데 다 읽을 시간이 없다. 즉, 물질적인 면에서 하고 싶은 일은 대부분 하면서 살고 있다.

다만 나는 사람들에게 인정받고 싶은 욕구가 있다. 내 전망이 맞다면 희열을 느끼고 포지션으로 돈을 벌면 정말 기분이 좋다. 경험해본 사람만 느낄 수 있는 종류의 기쁨이다. 얼마 전 오프라인 미팅에서 지난 1년 동안 아주 높은 수익을 거뒀다고 자랑하신 분들이 있었는데, 그분들은 분명히 멘탈 면에서 수익을 거두기 전과는 다른 인생을 살고 있을 거다. 원래 삶이 그런 것이다.

2.
휴가 중에 너무 먹어서 자체 라마단을 실시하고 있다. 점심을 굶었다는 이야기를 이렇게 복잡하게 하다니. 오후 4시가 조금 넘으니 슬슬 배가 고파진다. 역시 나는 동물이었다.

03.
03.

큰 추세는 큰 스토리에서 나온다.

03.
09.

포지션이 없으면 나가서 점심도 먹을 수 있다. 그때 세상을 가만히 쳐다보면 시간이 참 천천히 흐른다는 걸 깨닫는다. 스크린을 쳐다보는 시간은 마치 빼앗긴 것처럼 금방 사라지고 만다. 인간에게는 시각을 자각하는 능력이 없다. 그렇기에 생각하면서 흔적을 남겨야 한다. 이렇게 주절주절 무언가를 쓰고 있는 건 그래서인지도 모르겠다.

03.
14.

아침에 밥을 먹는데 둘째가 식탁에서 부랴부랴 일기를 쓰고 있었다. 아내가 일기를 치우라고 했더니 "형도 식탁에서 일기를 쓴 적이 있는데 왜 저한테만 그러세요"라고 항의했다. 아내는 아무 말도 하지 않았다. 나도 가만히 지켜보고 있었다.

둘째가 일기를 거의 다 썼을 때 내가 말했다.
"죄수들은 대통령을 뽑을 권리가 있어야 하니, 없어야 하니?"
"있어야 해요."
"왜?"
"그 사람들도 국민이니까요."
"그럼 국민의 절반이 죄수라고 하자. 죄수들이 죄수를 대통령으로 뽑으면 어떻게 되니?"
"……"

"그런 일을 막기 위해 법은 일정한 죄를 지은 사람들은 대통령으로 출마할 수 없도록 막고 있단다. 그런데 그 사람들이 투표하려고 할 때 누군가 왜 죄수들이 투표할 수 있게 하냐고 하면 그건 맞는 비판이야?"

"아니죠."

"왜?"

"죄를 지은 대가를 받아야지, 권리를 빼앗으면 안 되니까요."

"네가 밥 먹으며 숙제를 해야 한다고 생각하면 너에겐 권리가 있다고 주장해야지, 형이 했으니까 너도 할 수 있다는 게 옳은 주장이야?"

"아니죠."

"네가 옳다고 생각하면 옳은 이유를 대야 바른 논쟁이야. 형도 했으니까 너도 하겠다는 건 엉터리 논쟁이고. 알겠니?"

"네."

03.
18.

1.
가끔 이메일로 위탁 운용은 안 하냐는 질문을 받는다. 하고 있지 않으며 할 생각도 없다고 답한다. 계좌에 남의 돈을 넣었다 뺐다 하면서 인생을 살고 싶지는 않다. 언젠가 능력이 된다면 좋은 팀을 만들어 일해보고 싶기는 하다.

2.
주말이다.

03.
22.

사랑만큼이나 우정도 불공평하다. 누구나 우정에 대해 말할 수는 있지만 아무나 우정을 경험할 수는 없다. 미국 드라마 〈슈츠suits〉에서 하비는 마이크를 위해 몇 번이나 위험을 감수한다. 하지만 제시카에게 협박을 당한 마이크는 하비에게 그 사실을 알리러 달려가지 않는다. 그걸 배신으로 여긴 하비는 마이크에게 우리 관계는 끝났다고 말한다.

둘 사이가 끝났다고 생각한 루이스는 마이크에게 함께 일할 것을 제안한다. 루이스는 원래 하비를 좋아했고, 하비가 좋아하는 마이크를 꼭 자기 사람으로 삼고 싶다. 마이크가 같이 일하자는 루이스의 제안을 받아들이려는 순간, 하비는 마이크에게 돌아오라고 한다. 마이크가 말한다.

I can't go back on my word.
이미 나는 루이스에게 같이 한다고 말해버렸어요.

You're not going back on your word. You're going back where you belong.
말을 주워 담으란 게 아냐. 네가 속한 곳으로 돌아오란 거지.

축하 케익을 갖고 간 루이스는 창문 너머로 그 모습을 본다. '루이스 팀에 온 것을 환영해'라고 써 있는 케익은 휴지통으로 들어간다. 루이스는 슬프다.

04.
01.

　벚꽃이 막 피기 시작했다. 벚꽃잎이 떨어지는데 가벼운 가디건을 걸치고 흔들의자에 앉아 스타벅스 체리블로섬화이트초코를 마시며 올리버 색스의 《온 더 무브》(2016)를 읽으면 완벽한 오후가 아닐까 싶다.

　1년에 책을 100권 정도 사고 60권 정도 읽다 보니 한 번에 한 권의 책만 읽는 게 불가능하다. 동시에 적어도 다섯 권 정도를 읽는데 역시 재미있는 책은 참 드물다. 《온 더 무브》는 한입에 베어 먹을 수 있을 정도로 매력적이지만 아껴서 읽었다.

　'온 더 무브On the Move'는 올리버 색스가 젊었을 때 매료됐던 시인, 톰 건의 시집 〈운동의 감각〉에 실린 시의 제목이다. 톰 건과 교제하게 된 색스는 톰을 "더없이 다정한 인간미와 타협 없는 지적 정직성이 하나 된 존재"라고 묘사한다.

몇 년 뒤 최고의 투자자가 된 누군가가 인터뷰를 하거나 책을 쓰며 내 블로그의 회원이었다고 언급한다면 어떤 기분일까 상상해봤다. 정말 기쁠 것 같다.

04.
06.

《거의 모든 것의 경제학》(북돋움, 2012) 개정판을 내자는 출판사의 제안으로 편집을 하다 깨달은 바가 있어, 내지 않겠다고 했다. 몇 권 더 팔고 싶은 출판사의 마음은 알겠지만 처음으로 낸 책의 내용을 건드리고 싶지 않았다. 오류가 있든 전망이 틀렸든 그때 내 생각이 오롯이 있는 책이다. 덧칠하고 싶지 않았다. 열정은 열정대로 느끼는 게 좋을 것 같았다. 출판사 사장님은 실망한 듯했지만 이해하는 것 같았다.

04.
14.

1.
이번에도 징크스를 벗어나지 못했다.

2.
포지션에 대한 막연하고 불편한 예감이 있으면 두통에 시달리는 징크스가 있다. 거의 매번 징스크와 싸우려 하지만 결국 지고 만다. 징크스에게 지는 경우가 90퍼센트 이상인데도, 늘 싸우려 한다. 이번에는 치통까지 나를 괴롭혔다. 어제 저녁을 먹은 후로 치통이 더 심해졌다. 문제는 이빨을 닦다가 윗니가 아닌 아랫니가 아프다는 사실을 깨달았다는 건데, 치과에서 엑스레이를 찍고 검사한 건 윗니였다. 이가 아픈데 이상이 없다는 의사의 말에 "혹시 위아래가 바뀌었을 가능성은 없나요?"라고 물어봤고 의사도 "그럴 수 있죠"라고 했지만 아랫니를 봐주진 않았다.

밤에 통증이 심해져 타이레놀을 먹었지만 나아지지 않았다. 결국 치과의사인 친구에게 전화를 했더니 응급실을 가라고 해서 세브란스에 갔다. 나는 이빨에 금이 갔거나 썩은 부위가 신경을 건드렸을 가능성을 생각하고 엑스레이를 찍었다. 의사는 '썩은 부위가 신경을 건드렸을 가능성'을 보고 신경치료를 하겠다고 했다. 마취 주사가 반가웠던 적은 태어나서 처음이었다.

문제는 금으로 씌어진 왼쪽 아래 어금니를 뜯을 도구가 없고 (무슨 응급실이 이런가) 나를 봐준 레지던트가 치아에 그냥 구멍을 뚫어서 신경치료를 하기엔 확신이 없다는 데 있었다. (치과의사인 친구가 이빨이 아픈 건 염증이 혈관을 팽창시켜 신경을 건드리기 때문이라며, 구멍만 뚫어도 통증이 많이 가신다고 말해줬다.) 결국 도구도 없고 확신도 없는 의사의 말에 따라 마취를 하고, 진통제만 받아 집으로 왔다. 마취 기운이 사라지기 전에 잠을 청했다 깨보니 새벽 4시였다.

포지션은 2070에 청산됐다. JP 모건 실적은 나쁘지 않았던 모양이다. 딱 이것까지 확인해보고 싶었으니 원칙은 지켰다.

3.
어젯밤 고통에 몸부림을 치다 새로운 원칙 하나를 만들었다. 몸이 아프면 모든 파생상품 포지션을 청산한다는 것. 절대 몸의 고통과 맞서지 않겠다.

04.
22.

<u>1.</u>
치과 치료를 받으러 갔다. 마취 없이 신경치료를 한 뒤 주차장에 가는데 통증이 몰려와서 걸을 수가 없었다. 11시 반 점심 약속이 있어서 참고 가려 했는데 운전을 할 수 없을 정도로 아팠다. 지난번 응급실에 갔을 때보다 더 아팠다. 땀이 비 오듯 흘렀다. 치과로 돌아와 마취를 하고 다시 치료를 받았다. 이번까지만 치료를 하고 다시는 이 치과에 오지 않겠다고 생각했다. 추가로 낸 치료비는 1,600원이었다. 치과 치료로 두 시간 반을 날렸다. 의사는 그 대가로 7천 원 정도를 받았다. 뭔가 허탈한 구조다.

2.

이빨이 아픈데, 마취를 하면 아프지 않다. 고통을 느끼지는 못하지만, 고통이 사라진 건 아니다. 고통을 만든 문제 역시 사라진 게 아니다. 고통이 사라진 동안 문제의 근원을 치유하면 좋겠지만 늘 성공하는 건 아니다. 고통이 없으면 문제가 있다는 걸 느끼지 못해서다. 고통은 그래서 유용하지만 고통을 자각했을 때는 이미 늦은 걸 수도 있다. 고통이란 무엇인가.

30분 정도를 고통에 신음했더니 손이 덜덜 떨렸다. 참나.

04.
25.

<u>1.</u>

15년째 트레이딩을 하고 있지만 어떤 고등학생이 나보다 트레이딩을 더 잘한다고 해도 별로 놀라지 않을 것이다. 금융을 뭘로 보냐거나 경제를 알기나 하냐는 말도 하지 않을 것이다. 그럴 수 있는 게 시장이고, 트레이딩은 생각보다 긴 게임이기 때문이다.

<u>2.</u>

트레이딩에 어떤 의미가 있냐는 질문을 받는다. 잘 대답하지 않는다. 주식을 한 종목 사서 돈을 벌려면 운이 필요하다. 하지만 지속적으로 시장을 설명하고 포지션을 잡는 건 특별한 애정이 필요하다. 얻어 터지면서도 다시 링에 오르는 것과 똑같다.

05.
03.

1.
어제 친구 S의 아버지가 돌아가셨다. 한 번밖에 뵌 적이 없지만 투병하시는 동안 있었던 일은 세세한 것까지 들었다. 빗속에서 다시 삶과 죽음에 대해 생각해봤다. 오늘 오후에 장이 끝나면 병원에 가고 내일 아침 7시 미사에 참석한 후 장지에서 운구를 해야 할 것 같다.

2.
최근 몇 달 동안 유학 준비를 하는 사촌동생이 주말마다 와서 자고 간다. 처음에는 미안하다며 호텔에서 자던 녀석이 두 달이 넘어가니 편하게 집에 와서 자고 간다. 그래도 학원에 다니느라 바빠서 얼굴 볼 틈은 없었다.

지난주 일요일 아침에 "얼굴을 못 보니 밥을 못 사주는구나"라고 했더니 "오늘은 1시에 끝나니 오늘 사주세요"라고 해서 스시집에 데리고 갔다. 봄날이라 날이 좋고 단골집이라 식사는 괜찮아서 이런저런 솔직한 이야기들을 할 수 있었다. 사촌동생을 서울역에 데려다주고 왔는데 밤에 외숙모에게 "네가 있어서 정말 얼마나 다행인지 모른다"는 문자를 받았다. '삼촌이 살아 있을 때 제게 해준 것에 비하면 별거 아니에요.'라고 하려다 말았다. 생각해보니 삼촌은 내게 의식적으로 뭔가를 해준 게 아니었다. 우리는 그냥 친했고, 삼촌과 대화하는 건 늘 즐거웠다. 남다른 유머 코드가 있었고 깊이가 깊은 자신감이 있었다. 아마 자식인 사촌동생들보다 내가 더 삼촌을 좋아했을 거다.

3.
내가 회사를 만들어서 가장 기뻐하는 사람은 S형이다. 그는 내게 "너는 항상 너무 저평가돼 있다"고 말해주는 몇 안 되는 사람이었다.

05.
04.

무라카미 하루키의 《직업으로서의 소설가》(현대문학, 2016)를 읽고 있는데 트레이더뿐 아니라 많은 직업에 주는 성찰이 있다. 직업으로 일가를 이루려면 관철해야 할 공통적인 속성이 있기 때문이다. 만약 《직업으로서의 소설가》에 나오는 소설 쓰는 행위에 자신의 직업을 적용할 수 없다면 남들과 나를 차별할 수 없는, 즉 존재감을 깨달을 수 없는, 위험한 인생이다.

05.
11.

1.
날씨가 좋다. 그래봤자 미국이나 유럽의 좋은 날씨와는 비교가 안 되지만. 서울 하늘은 너무 더럽다. 정치인들은 이런 데 너무 무심하다. 그들은 그래도 살만하니까 그렇겠지.

2.
L이 요즘 내가 파생상품 포지션이 많이 없다며 블로그 독자로서 슬프다고 했다. 중요한 건 폼이 아니라 돈이라고 했다.

05.
30.

__1.__
회사 설립 후 첫 포지션을 손절했다. 일단 절반을 잘랐다. 그날 추가한 포지션이 손실이면 줄인다는 원칙을 세웠는데 그러지 않았다. 이번 트레이딩에서는 스스로 어긴 원칙이 많았다. 원칙을 어기면 한두 번은 성공할 수 있지만 언젠가는 반드시 대가를 치른다. 무엇보다 내 원칙이 맞는 것인지 틀린 것인지 알 수가 없게 된다.

__2.__
15년간 트레이딩을 하며 세운 원칙은 그리 어렵지 않다. 너무 까다롭고 복잡한 원칙은 지키기 어렵다.
   1) 손실 한도를 정하고 들어간다.

2) 벌었다가 손실을 보지 말 것.
3) (다양한 형태로) 몸이 아프면 포지션을 접는다.
4) 이것만 확인한 뒤 손절할 생각이라면 지금 정리할 것.
5) 추가했는데 상황이 악화된다면 포지션을 줄인다.

3.
좋은 원칙을 세우고 지키는 게 말처럼 쉽다면 누가 돈을 못 벌겠는가.

4.
한강의 《채식주의자》(창비, 2007)를 읽었다. 세 편의 단편이 실렸는데, 첫 번째 단편 〈채식주의자〉는 낯설고, 〈몽고반점〉은 빨려 들어갔고, 마지막 단편인 〈나무 불꽃〉은 슬펐다.

육식을 거부하는 영혜를 바라보는 세 가지 관점이 있다. 영혜의 남편은 속물이고, 형부는 자기중심적이며, 언니는 성실하다. 영혜는 육식과 생활을 거부하고 채식과 존재를 택한다. 영혜의 남편과 언니는 같은 세계에 사는 사람들이다. 그들은 존재하기보다 생활한다. 형부는 영혜의 세계와 자신의 아내의 세계에 걸쳐서 산다. 무속인 같은 존재다. 생활인인 언니는 동생의 세계를 이해할 길이 없다. 속물인 남편 역시 부인인 영혜의 세계를 이해할 길이 없다. 결국 영혜는 남편에게 버려진다. 형부가 처제를 이해하려는 시도는 언니의 세계를 박살낸다. 성실한 언니는 부서진 세계 앞에서 어찌할 바를 모른다.
 슬픈 소설이다.

06.
08.

아침에 핸드폰을 잃어버려서 한 시간 동안이나 찾았다. 결국 마지막으로 기억나는 시점 이후의 동선을 추론했다. 생각을 거슬러 올라가보니 내 차에서 집의 차로 물건을 옮겨 실으며 두 대의 차 열쇠를 모두 갖고 출근할 것이냐, 열쇠 하나는 집에 놓고 올 것이냐를 고민하던 게 떠올랐다. 그 말은 내가 출근을 해도 무방한 상태였다는 거고 짐을 실을 때 핸드폰이 있었다는 얘기다. 다시 트렁크를 샅샅이 뒤져보니 거기에 떨어져 있었다. 그 생각을 안 한 건 아니었지만 처음 뒤졌을 때는 발견하지 못했다. 확신이 없었다. 이 사건의 교훈은 세 가지다.

1) 단서clue를 발견하지 못하면 행동하면서도 확신하지 못한다.
2) 확신 없는 행동은 대개 소용이 없다.
3) 핸드폰은 무음 대신 진동이라도 해놓는 게 좋다.

06.
14.

"누군가의 손절 레벨이란 누군가에게는 아주 매력적인 진입 시점이다"라는 말은 내가 했지만 참 그럴 듯하다.

06.
28.

마이클 카우프만Michael T. Kaufman이 쓴 조지 소로스George Soros의 자서전을 읽다 보면 놀랄 수밖에 없는 대목이 있다. 그는 제2차 세계대전 때 자신의 어머니가 어떻게 군인(독일군이었던 것 같다)에게 강간당했는지 꽤 세세하게 묘사했다. 그런 상처를 딛고 자식을 훌륭하게 키워낸 엄마도 대단하고 그런 사실을 담담하게 말할 수 있는 아들도 대단하다.

또 하나 놀라운 대목은 제2차 세계대전이 끝날 무렵 해방군이었던 러시아군이 점령군 노릇을 하며 많은 폴란드계 유대인을 끌고 갈 때 유대인들의 탈출을 묘사하는 방식이다. 러시아군의 감시는 허술했고, 모두들 특별한 일이 일어나지 않을 거라 생각하며 그저 따라가고 있었다. 하지만 그때 과감하게 도망친 사람들이 있었고, 그들만 살아남았다. 그때 머리 위에서 빛나는 태양과 파란 하늘에 조용히 흘러가는 구름과 마음속에서 꿈틀거리는 두려움 같은 걸 연상하면 짜릿하다.
 이런 식이다. 배경음악 같은 건 없지만 어마어마한 일들이 일어난다.

07.
03.

1935년생 우디 앨런에게 〈에스콰이어〉의 마크 워런Mark Warren이 물었다.

"후회는 없나요?"

"남는 건 후회뿐이죠. 대학을 마치지 않은 것이 후회되고 음악적 재능이 없는 것도 유감이고. 어릴 때 너무 소심했던 것도 후회돼요. 무엇보다 태만했던 게 가장 후회스럽죠."

07.
05.

1.

서울 집값이 사실상 사상 최고치를 돌파했다는 〈조선일보〉 기사를 봤다. 집값이 빠질 거라고 주장했던 앵무새들은 지금도 같은 이야기를 반복하는 중인데, 인구구조나 가계부채 따위가 가격을 알려준다면 누가 돈을 못 벌겠는가.

전세와 월세는 다른 개념이다. 전세와 월세를 묶어 보도하거나 분석하는 사람은 대개 기본이 안 된 것이다. 지난 수년간 한국에 전세난은 있었어도 월세난은 없었다. 월세는 지난 10년간 사실상 제자리에 있고 물가를 감안하면 떨어진 곳도 많다.

이론적으로 볼 때 집주인의 신용위험 때문에 전셋값이 집값보다 높을 수는 없다. 마이너스 금리가 되면 전세는 사라진다. 전세는 집값이 오르던 시절, 레버리지를 사용해 집을 사고 싶었던 사람들의 수요가 만들어낸 한국의 특이한 제도일 뿐이다.

2.

이런 내용의 글을 트위터에 올렸는데 반박이라기보다 비난에 가까운 멘션이 있었다. 별 내용이 없는 멘션이라 굳이 반박하지 않았지만, 그 멘션은 대중이 최근의 금리인하와 집값 상승 현상에 대해 어떻게 생각하는지 잘 보여준다.

　우리나라의 자가 보유율은 100퍼센트에 육박한다. 집값이 하락해서 집을 살 수 있게 됐다고 기뻐하는 사람보다 (그런 상황이 되면 직장을 잃고 소득이 줄어 집을 살 수 없는 사람이 많아진다) 집값이 올라서 편안해진 사람이 더 많을 것이다. 문제는 마땅히 취업할 곳도 없고, 취업을 해도 집을 살 만큼의 소득은 없는 사람들이 느낄 박탈감이다. 결국 집을 살 것인지, 비싼 월세를 낼 것인지 스스로 결정해야 한다. 그렇지 않으면 불평과 비난만 하게 된다.

07.
06.

오늘 아침 K와 현물 주식에 대해 이야기했다. 약간의 조정을 어떻게 넘어갈까 고민 중이라고 했더니 그가 말했다.
"조정을 생각한다면 조금이라도 줄여놔요. 그러면 대응을 할 수 있잖아요."

멋진 말이다.

07.
12.

작은 포지션이어도 매일 포지션을 들어가야 큰 포지션으로 크게 먹을 기회를 놓치지 않을 수 있다는 견해와 작은 포지션의 잦은 거래가 결국 멘탈을 무너뜨리고 큰 손실을 만든다는 견해 중 무엇이 옳을까? 내 경험으로 보면, 외국계 은행 같은 기관에서 일하는 트레이더는 전자가 맞고 자기 자본으로 혼자 트레이딩하는 사람은 후자가 맞다. 동료도 브로커도 심지어 블룸버그의 도움도 받을 수 없는 개인에게 전자는 유지 가능한 모델이 아니다. 물론 이런 결론은 내 아픈 경험에 근거한다. 어렵게 어렵게 번 돈을 한두 번의 실수로 날려봤다.

07.
26.

유럽행

비행기 11F 좌석에 앉아 《존 치버의 일기》(문학동네, 2016)를 읽었다. 막 이륙한 비행기는 밝은 하늘을 날고 있었다. 어떤 사람들은 일찌감치 잠을 청했다. 오후 2시의 낮잠은 나와 거의 상관이 없는 일이다. 나는 책을 보는 것 말고는 다른 걸 상상할 수가 없다. 책을 읽다 지치면 다운받은 영화를 보기 위해 노트북을 켤 생각이었는데 그럴 필요가 없었다. 기내에 잘 번역된 영화 세 편이 준비돼 있었다. 그 세 편은 정확히 내가 보려 했던 영화였다. 〈아이 인 더 스카이〉, 〈에브리바디 원츠 썸〉, 그리고 〈다이버전트〉.

존 치버의 일기를 엮은 치버의 아들은 서문에서 자기 아버지의 일기가 침울하며, 자주 천박했다고 적었다. 일기에 동성애에 관한 내용이 많았기 때문일 거다. 일기에는 아들에 대한 언급이 거의 없다. 아들은 상처받는다. 하지만 그는 일기에서조차 아버지가 궁색하고 진부한 표현을 쓰는 법이 없었다고 썼다. 그가 보기에 아버지인 치버는 지독한 외로움에 시달리는 바람에 신체적 질병과 외로움을 구별할 수 없는 지경에까지 이르렀다. 치버의 글은 외로움에서 탈출하려는 시도였고 타인으로부터의 고립을 떨쳐버리려는 노력이었다.

치버 스스로 생각한 자신의 문제는 알코올 중독과 양성애 성향이었지만(치버 스스로 괴로워했다), 치버의 아들 벤자민 치버는 치버가 그런 문제와 타협한 다음에도 "인생은 여전히 문제였다"고 적었다. 치버의 일기를 읽기 전에 나는 아들이 쓴 이 문장에 매료됐다. 인생은 여전히 문제다. 우리가 어떤 사랑을 하든, 어떤 인생으로 문제를 돌파하든 인생의 문제들은 끝나지 않는다.

잘 쓸 것. 정열적으로 쓸 것. 좀더 자유롭게 쓸 것. 좀더 너그러워질 것. 자신에게 좀더 엄격할 것. 욕망의 물리적 힘뿐 아니라 그 지배력에 대해서도 인지할 것. 글을 쓸 것. 사랑할 것. (43쪽)

6행 7열로 되어 있는 이 공간에 빈 좌석은 달랑 내 옆 한 곳뿐이다. 행운이다. 사람들은 대개 잠을 자거나(꽤 있다) 영화를 보거나(역시 꽤 있다) 신문을 보고 있다.

나는 글을 읽고 쓸 때 내면으로 깊게 들어갔다 나올 때의 어색함이 좋았다. 사람들이 말을 걸면 나는 그때와 전혀 다른 사람이 된다. 현실의 나는 무겁거나 까칠하거나 건조하지 않다. 오직 글을 쓰는 나만, 책을 읽고 생각하는 나만 그렇다.

내 문체는 사색적이고 부드러운 것 같다. 내 묘사력은 내가 원하는 만큼의 수준에 이르지 못했다. (61쪽)

생각의 과잉과 결핍 중 과잉이 행복과 만족을 방해하는 건 분명한 것 같다. 하지만 행복과 만족은 무엇인가를 만들어내지 못한다. 결핍됐다고 느껴야 격렬하게 움직일 수 있다.

타인을 바라보는 여기 (뉴욕) 사람들의 시선에는 일반적으로 유머가 부족하다. 경제력과 성적 매력만 있는 딱딱한 분위기. 예쁜 여자들에게 따라붙기 마련인 경탄을 제외하면 뉴요커들이 서로를 쏘아보는 시선은 너무나 딱딱했다. (81쪽)

치버가 묘사한 뉴욕의 모습이다. 이런 시선이야말로 진정한 무관심이다.

07.
27.

비엔나 이틀째

저녁을 먹고 호텔 근처를 걸었는데 공원에서 산책하며 공 차고 노는 시민들의 모습이 참 평화롭다. 유럽의 여름은 어디를 가나 이런 풍경이다. 북적거리지 않는다. 여유가 있으며 바쁜 인상은 전혀 없다. 내가 살고 있는 스크린 세상과 스크린 바깥세상은 원래 다르게 굴러가지만 유럽은 특히 그렇다.

08.
03.

1.

인간은 자신의 경험에서 크게 벗어나지 않는다. 공무원은 공무원의 멘탈을, 군인은 군인의 멘탈을, 트레이더는 트레이더의 멘탈을 갖고 있다. 기억에서도 크게 벗어나지 않는다. 40대 남자의 정체성은 지난 40년 기억을 어떻게 채웠는가로 결정된다. 누군가는 격렬하게 도전했을 것이고 누군가는 격렬하게 사랑했을 것이고 누군가는 격렬하게 공부했을 것이다. 삶이란 곧 기억이다.

2.

씨티은행을 그만두고 L대표님과 일한 걸 잘했다고 생각했지만, 당시 주변의 많은 사람이 나를 걱정했다는 걸 나중에야 알았다. 사람들은 궤도에서 벗어나는 시도를 불안해한다. 나는 책을 쓰고,

칼럼을 쓰고, 회사를 만들며 대충 원하는 궤도를 만들었지만 공전의 궤도를 유지하며 자전 궤도를 만들어내는 것은 얼마나 불안한 일인가. 운이 좋았다고 할 수 있지만 나는 내 인생의 궤적을 정할 때 딱 두 사람에게는 모두 털어놓고 상의했다.

08.
08.

<u>1.</u>
덥다. 그래도 아이들은 잘 버티고 어찌 보면 이 날씨조차 즐기는 것 같다. 내게 엄밀한 의미의 휴식은 토요일뿐이다. 나머지 날들은 모두 시장에 대한 강박에서 자유롭지 못하다.

<u>2.</u>
여자 양궁 준결승전과 결승전을 보았다. "과감하게 쏘아야 합니다"가 해설의 전부였다. 왜 '신중하게 쏘아야 합니다'가 아니라 '과감하게 쏘아야 합니다'였을까. 곰곰이 생각해봤는데 신중하게 준비했다면 역시 과감하게 쏘는 것이 최선이 아닐까 싶다.

08.
16.

1.
연휴가 3일인데 책 읽고 글 쓰고 운동을 조금 했더니 시간이 다 지나갔다. 아이들이 에어컨을 꺼버린 줄도 모르고 요리를 하다 땀을 뻘뻘 흘렸다. (지들은 안방에서 에어컨을 켜고 올림픽을 보고 있었다.) 이러니까 태국 사람들이 밥을 안 하고 나가서 사먹는구나, 라고 생각하며 찌개를 끓이고 밥을 볶았다. 요리를 다 하고 나니 이 자체가 마치 인생에 대한 은유가 아닐까 싶었다. 누군가 에어컨을 꺼버린 줄도 모르고 땀을 흘리고 있는 인생을 살면 안 될 텐데.

2.
읽고 싶은 책은 많지만 정작 읽어봤을 때 괜찮은 책은 많지 않다. 100권을 사면 절반 정도는 시간 낭비였던 것 같다.

《문명의 충돌》은 한 줄 한 줄 줄을 그으며 읽고 있고 《야망의 시대》(열린책들, 2015)는 느긋하게 읽고 있다. 《중국경제 추락에 대비하라》(살림, 2012)는 전망의 오류를 찾아내려 노력하는 중이며, 《사람, 장소, 환대》(문학과지성사, 2015)는 기분이 가벼워질 때마다 읽는 중이다. 《희박한 공기 속으로》(황금가지, 2007)는 읽을 때마다 슬퍼진다. 역시 시간이 날 때마다 조금씩 읽는 중이다. 《온 더 무브》는 《희박한 공기 속으로》를 읽을 때마다 역시 조금씩 읽는 중이다. 이제 조금 남았다. 《존 치버의 일기》 역시 절반 조금 넘게 읽었는데, 휴가 중에 느긋하게 읽기에 딱 좋다. 누군가의 섬세한 내면을 들여다보는 것은 늘 흥미롭다.

08.
19.

어떤 주식을 사야 하냐는 질문을 자주 받는다. 사실 나는 주식 매니저 생활을 아주 짧게 했고 경력의 대부분을 채권과 파생상품 트레이더로 보냈지만 많은 사람은 그 둘을 잘 구별하지 못한다. 대개의 경우 알아서 투자하라는 말만 한다. 주식을 사는 것보다 파는 게 더 중요해서다. 자주 만나지도 통화하지도 않는 사람들에게 주식을 추천했는데 좋은 결과가 나오는 건 상당히 어렵다.

가장 황당한 경우는 자신이 갖고 있는 주식에 대해 어떻게 생각하냐는 질문을 받을 때다. 그 주식이 '삼성전자'나 '현대자동차' 같은 간판주식이거나 아주 핫한 '아모레퍼시픽'이나 '한미약품'이면 모를까 세상의 수많은 잡주 중 하나를 물어보면 알 도리가 없다.

의견을 물어볼 정도면 안 사는 게 맞다.

08.
21.

1.
집에 케이블 TV가 없어서 골프 중계는 보고 싶어도 못 봤는데 이번 올림픽 덕에 볼 수 있었다. 마치 내가 치는 것처럼 생생해서 박인비의 금메달이 진심으로 기뻤다. 그런데 경기가 끝나고 인터뷰에서 "부상도 있고 나이도 있는데 후배들에게 양보하라는 얘기들 때문에 스트레스를 받았다"란 말을 듣고 놀랐다. 감히 박인비에게 그런 말을 하는 사람들이 있다는 게, 그리고 그런 말을 듣고도 발끈하지 않고 뛰어난 경기로 자신을 입증할 수 있다는 게.

2.
원효와 의상이 중국 유학 중, 깜깜한 밤에 목이 말라 마셨다던 물이 해골에 고인 썩은 물이었으나 당시에는 맑은 물로 알고 마셨다는 고사는 사실일 것이다. 의상은 이런 경험을 하고도 유학을 강행했고, 원효는 모든 것이 마음에 있다는 걸 깨닫고 신라로 돌아왔다. 어렸을 때는 중국에 남은 의상이 쿨해 보이지 않았다. 원효의 행동은 뭔가 대단한 걸 깨달은 사람의 기행 같아 근사해 보였다.

하지만 하다 못해 골프를 치더라도 해저드hazards가 있으면 피하려다 자기도 모르게 반대쪽으로 향하고, 좀 큰 승부가 걸려 있는 퍼팅putting은 거리가 짧아도 어려워하는 게 인간이다. 트레이딩의 세계에서는 팔아야 할 때 사고, 사야 할 때 파는 걸 반복하는 내 자신의 한심한 모습도 경험했다. 결국 모든 것이 마음에 있다는 말 자체는 사실 아무런 의미도 없다는 걸 깨닫게 된 것 같다. 모든 것은 마음에 있다. 그래서 뭘 어쩌란 것인가. 문제는 '그 마음에 어떻게 도달할 것인가' 아닌가. 도대체 어떻게.

3.

최나연이 펑샨샨冯珊珊을 칭찬하며 한 말이 있다.

"감정 상태에 상관없이 루틴이 일정해요."

"그게 무슨 뜻인가요?"

"저는 초조해지면 루틴이 조금 달라지거든요. 예를 들어 스윙 전에 두 번 보던 타깃을 세 번 보게 됩니다. 그럼 스윙이 느려지거든요."

과연 평샨샨의 그런 루틴이 그냥 얻어진 것이겠는가. 아마 큰 좌절과 많은 실수를 딛고 일어선 결과일 것이다. 승부에 무심해 보이는 박인비의 모습이 실은 정말 이기고 싶은 마음의 결과라는 것이 승부의 본질을 보여준다고 생각한다. 이기기 위해 잔잔한 마음을 유지해야 한다는 것. 상대의 플레이도, 나의 실수도 잊고 루틴을 유지하며 냉정하게 전진한다는 것.

4.

혜민 스님이 〈중앙일보〉에 〈올림픽은 금메달을 위해서 존재하는가?〉라는 칼럼을 기고했다. 승부에서 졌지만 마음에 두지 말고 나아가란 좋은 뜻으로 기고한 칼럼이다. 하지만 스님의 위로는 승부의 본질을 잘 설명해주지 않는다. 이번 올림픽 골프와는 별개로 여자 육상 200미터 결승은 인상적이었다. 네덜란드 육상선수 다프너 스히퍼르스 Dafne Schippers는 200미터 결승에서 2등으로 결승선을 통과한 후 넘어졌다. 한 기자가 한참 동안 일어나지 못하는 스히퍼르스에게 은메달이 어떤 의미냐고 물었다. 그는 분한 표정으로 말했다.

"아무 의미도 없어요. 난 이기러 왔어요."

스히퍼르스는 준결승에서 라이벌이던 금메달리스트 일레인 톰슨Elaine Thompson을 같은 조에서 이겼었다. 이전에 있었던 세계육상대회 결승에서도 역시 톰슨을 간발의 차이로 꺾고 우승했다. 스히퍼르스는 이번 패배가 너무 억울하고 분했다. 아마 그 감정은 스히퍼르스를 더 냉정하게, 더 연습하게 만들 것이다. 패배와 자괴감과 억울한 감정이 이기겠다는 마음을 만나야 인간은 겨우 변할 수 있다.

5.

전설적인 트레이더 제시 리버모어Jesse Livermore는 권총으로 자살을 했다. 그가 어쩌다 자살을 한 건지는 충분히 상상 가능하다. 돈이 아니라 자괴감 때문이었을 것이다.

6.

버디 기회를 몇 번이나 놓친 게 아깝지 않냐고 물은 기자에게 박인비가 말했다.

"설령 기회를 놓치더라도 기회가 없는 것보다는 나아요."

08.
31.

1.
아이들이 잘못했을 때 처음이라면 언급은 하되 야단은 치지 않으려 한다. 아이들은 첫 번째 잘못은 잘못이라고 생각하지 않는다. 잘못이 아니라 모르고 한 거라고 느껴서다. 어른의 관점에서 아무리 지적해봐야 아이들, 특히 사내아이들은 부모의 말을 잔소리라 생각하고 뒤로 흘려버린다. 아이들이 그렇게 생각하기 시작하면 부모가 무슨 말을 해도 잔소리꾼이라고만 생각한다. 그렇게 되면 진짜 잘못을 지적해도 잘 먹히지 않는다.

2.
암 환자들은 처음에 내가 왜 이 병에 걸렸는지 원망하다가 결국 수용한다고 한다. 돌아가신 막냇삼촌은 암이라는 사실을 알고도 상당히 의연했다. 울지도 않았고 화를 내지도 않았다. 이상한 비방을 찾아다니지도 않았다. 하지만 회사 일을 정리했고, 매킨토시 오디오를 샀고, 공기가 좋은 곳을 찾아 매일 산책을 했다. 삼촌은 의지가 강한 사람이라 암을 고치는 확실한 방법이 있다면 그대로 따랐을 것이다. 매일 열 시간을 자라면 잤을 것이고, 네 시간만 자야 한다고 하면 그랬을 것이다. 매일 정시에 정량을 먹고, 매일 두 시간을 운동해야 낫는다고 하면 분명히 그렇게 했을 것이다.

하지만 그 방법이란 걸 도무지 알 수 없었다. 그나마 생명을 연장할 수 있는 방법은 담배를 끊고, 항암치료를 하고, 적당히 운동을 하고, 충분히 영양을 공급하는 것뿐이었다. 그렇게 해서 연장할 수 있는 삶이 길어야 2년 정도라는 것에 좌절하지 않을 사람은 많지 않다. 그것도 이제 50대 초반에. 나 역시 암을 낫게 할 수 있는 확실한 방법을 알기만 한다면 알려드리고 싶었다. 문제는 그런 방법을 알 도리가 없었고 그 방법이 옳은지 그른지 시험해 볼 방법도 없었다는 것이다.

초연한 듯싶었던 삼촌 역시 마지막 두 달은 식이요법에 의지했다. 어머니는 극단적인 채식이 삼촌의 삶을 더 단축시켰을지도 모른다고 슬퍼했다. 나는 그게 삼촌이 시도해본 마지막 방법이 아닐까 생각하며 어머니를 위로했다.

모든 시도에는 위험이 따른다. 그리고 마지막 시도가 가장 위험하다.

09.
02.

허지웅이 자신의 아버지에 대해 쓴 글을 읽었다. 나는 어떤 아버지인지 생각해봤다.

　내 아이들이 희생하는 인간이 아니라 양보하는 인간이 되길 바란다.

09.
04.

나는 누구인가? 나는 어떤 사람인가? 나는 어떤 재능과 매력이 있으며 어느 부분에서 한계점을 갖고 있는 사람인가? 종교는 다양한 경로로 이런 질문의 본질에 들어가게 한다. 구원이든 해탈이든 사후의 삶에 구원을 받는다는 믿음이든 이런 수행이 없으면 종교는 종교로서 잘 기능하지 못한다. 인간은 맹목적인 믿음 자체로만 만족할 수 없는 존재여서다.

많은 심리학자가 어린 시절 충분한 사랑을 받지 못하면 '나는 누구인가'라는 질문에 답하는 데 곤란해한다고 생각한다. 아무도 자신을 사랑해주지 않는다고 느끼는 사람은 의심스러운 존재가 호기심을 던질 때 외면하기 어렵다. 자신에 대한 호기심이 혹시 자신을 존중해서가 아닐까, 라는 기대가 있기 때문이다. 하지만 불안과 의심을 동반한 호의는 대개 그 끝이 좋지 않기 마련이다.

남녀 사이라면 특히 그렇다.

무라카미 하루키의 《노르웨이의 숲》(1989)에는 우아하고 매력적인 여자친구 하쓰미에게 만족하지 못하고 여러 여자와 잠자리를 갖는 나가사와가 등장한다. 와타나베는 나가사와에게 묻는다. "당신은 왜 하쓰미 같은 훌륭한 여자친구를 두고도 다른 여자들과 자며 그녀에게 상처를 주는 건가요? 그녀는 당신에게 과분한 여자예요." 나가사와는 말한다. "그녀는 내게 과분한 여자지만 잘 수 있는 가능성을 외면하는 건 너무 힘든 일이야." 나가사와가 그런 일을 반복했던 건 자신에 대한 확신이 없었기 때문이다. 그는 새로운 정보와 자신에 대한 확인을 끊임없이 원하는 존재다. 그런 인간을 사랑하는 건 고된 일이다. 결국 하쓰미는 자살하고 와타나베는 나가사와와 절교한다.

자신이 누구인가를 알기 위해 필요한 건 정보information다. 정보는 사실의 모음이다. 덥다는 것은 현상이지만 지금이 섭씨 37도고 습도 90퍼센트라는 것은 정보다. 정보는 공짜로 얻어지지 않는다. 자신의 내면에 관한 사실을 파악하는 것은 더욱 어렵다. 내면은 보이지 않아서다. 그러니 내면의 아름다움을 믿는다는 건 거짓이다. 자신의 엉터리 믿음과 가짜 사랑을 합리화하는 말일 뿐이다. 모든 내면의 아름다움은 외면화돼야 한다.

잘 생각해보면 우리 자신이 누군지 아는 방법은 지속적인 성공과 실패에 있지 않다. 지속적인 관계와 싸움과 노력에 있다. 우리가 계속해서 변화하는 존재인 이상 관계와 승부는 삶이 지속되는 한 계속되기 때문이다.

계속해서 이기는 싸움에는 아무 정보가 없다. 어린아이와 하는 팔씨름에서 백전백승하는 건 당신이 어떤 인간인지 설명하지 못한다. 계속 지는 싸움에도 별다른 정보는 없다. 마이클 조던과 농구시합을 100번 해서 모두 졌다는 건 당신의 농구 실력이 어느 정도인지 알려주지 않는다. 당신이 힘없는 어린아이나 마이클 조던이 아니라면 말이다. 당신이 조인성을 사랑하거나 동네 깡패가 당신을 사랑하는 것 역시 마찬가지다. 그 사랑에는 당신에 관한 정보가 없다.

인간은 승리에 환호하고 패배에 낙담하기 마련이다. 하지만 모든 승리와 패배가 같지는 않다. 가장 완벽한 정보는 당신이 아슬아슬하게 이긴 승리와 아슬아슬하게 진 패배에 있다. 그게 바로 당신 자신이다. 당신이 스스로 만든 원칙을 사수해 간신히 해낸 승리와 치열하게 원칙을 사수했으나 빼앗긴 승리에는 당신에 대한 가장 완벽한 정보가 담겨 있다. 만약 당신이 스스로 만든 원칙을 어겼거나 원칙 자체가 없다면 당신은 쓸모없는 승부를 한 것이다. 어린아이와 팔씨름을 하고 마이클 조던과 농구시합을 한 것이나 다름없다.

당신이 하는 일(나라면 투자와 트레이딩이다) 혹은 당신이 하는 사랑 혹은 당신이 하는 교육(혹은 양육)에 원칙이 없다면 원칙을 만들어야 한다. 어떻게 원칙을 세워야 할지 모르겠다면 당신은 지금까지 제대로 된 승부를 해본 적이 없는 것이다. 마이클 조던이 아니라 그냥 어린아이일 뿐이다. 원칙을 세웠다면 그 원칙을 고수할 것인지 변경할 것인지를 결정해야 한다. 좋은 원칙은 사수하고 잘못된 원칙은 개선해야 승리할 수 있기 때문이다. 그러려면 또 승부를 해야 한다. 압도적인 승리와 패배는 시간 낭비다. 그러니 승리에 오만하거나 패배에 고통스러워할 필요가 없다. 상대에게 차여 기분 나빠하거나 상대를 찼다고 오만에 떨 필요가 없다. 면접에서 떨어졌다며 절망할 필요도, 붙었다고 건방질 필요도 없다. 필생의 승부는 드물고 당신은 원칙을 위한 몇 개의 경기를 이제 막 끝냈을 뿐이다.

우리가 목표로 둬야 할 건 최선을 다했지만 아슬아슬하게 이기는 경기다. 최선을 다했지만 아슬아슬하게 지는 경기를 받아들일 수 있는 사람만이 그런 아름다운 경기를 할 수 있다. 그런 경기를 계속하다 보면 우리 자신에 대해 점점 깨닫게 된다. 이런 노력도 없이 '나는 누구인가'라는 질문을 해봤자 답은 나오지 않는다. 답을 안 것 같겠지만, 그건 믿음이지 정보가 아니다. 환상일 뿐 사실이 아니다.

09.
07.

2주쯤 전부터 초등학교 6학년인 큰아이에게 위클리 분석을 읽게 하고 있다. 모르는 표현이 있으면 차트를 보여주며 설명을 하기도 한다. 전혀 관심이 없는 둘째와 달리 큰아이는 꽤 관심을 보인다. 몇 년째 보고 있는 〈뉴스위크〉를 가장 열심히 읽는 것도 큰아이다. 큰아이는 세상 돌아가는 것에 관심이 많아 뉴스를 꼬박꼬박 챙겨본다. 호기심이 많은 건 좋지만 가끔은 거짓말도 제법 한다. 자신이 하고 싶은 걸 하지 못하면 짜증을 심하게 내는 경향도 있어서 아내와 크게 부딪힐 때도 있다.

  부모에게 고분고분한 아이가 키우기에 좋을지는 몰라도 결과적으로 보면 아이와 내 인생 모두에 별로 좋을 게 없다. 특별한 악의가 없다면 큰아이가 하는 어느 정도의 거짓말을 눈감아주는 이유다.

09.
09.

<u>1.</u>
경제학에서는 사람을 사서 대신 병역을 하게 하는 것과 모병제를 사실상 거의 같다고 본다. 따라서 모병제는 정의 justice의 관점에서 보면 옳지 않은 제도다. 가난한 자들만 군대에 가게 되기 때문이다.

징병제의 군대와 달리 모병제의 군대는 전쟁을 쉽게 시작한다. 자식이 있고, 그 자식이 징병될 수 있다면, 전쟁은 쉽게 결정할 수 있는 문제가 아니다. 하지만 어차피 내 자식과 상관없는 문제라면 전쟁을 쉽게 생각한다. 어쩔 수 없는 인간의 본성이다. 전쟁의 비용이 싸지면 전쟁은 해볼만한 도박이 된다.

정의의 문제만 외면할 수 있다면 모병제는 많은 사람의 골칫거리인 병역의 의무를 해결해준다. 하지만 모병제가 정착되면 징병제로 다시 돌아가는 건 매우 어렵다.

2.

정치적 리더십을 여러 가지로 정의할 수 있을 거다. 나는 정치적 리더십을 어차피 일어날 일이고 해야 할 일이라면 빨리 해치울 수 있는 방법을 찾는 것이라고 생각한다. 그러려면 두 가지가 필요하다. 첫째, 일어날 일이 뭔지 알아야 한다. 경제, 외교, 사회 어느 하나에서도 미래를 내다보지 못하면 성공적인 정책을 만들 수 없다. 둘째, 사회적 갈등과 이해관계의 충돌을 설득과 조정으로 풀 줄 알아야 한다. 전체를 위해 양보하는 소수가 무리한 희생을 하지 않게 해야 한다. 그러려면 소수에 대한 전체의 배려를 받아내는 정치적 능력이 필요하다.

3.

개인도 어차피 일어날 일이라면 빨리 해치우는 능력이 필요하다. 어차피 빠른 은퇴, 오랜 노후생활이 예상된다면 그에 대한 준비를 해야 한다. 내일이 시험인 아이들도 어차피 공부를 해야 하는데 어영부영하며 뛰어들기를 미루는 경우가 있다. 어른들은 그런 아이들을 채근한다. 하지만 잘 생각해보면 어른들도 진짜 필요한 일을 미루고 어차피 일어날 일을 자주 외면한다.

09.
13.

1.
작년 추석만 해도 포지션을 들고 계속 들여다보고 있었는데 올해는 포지션의 실익이 무엇인지 잘 모르겠다. 오전에 잡아서 오후에 정리하는 트레이딩을 하기엔 에너지 소모가 크고 보람도 없다. 월급을 받으려면 그렇게 사는 게 당연하지만 내 인생은 그런 식으로 하면 달라지는 게 별로 없다.

2.
콘래드 호텔을 갈 일이 많은데 발레파킹이 되는 카드가 없어서 롯데 플래티넘카드를 만들었다. 이제 쓸모가 없어진 씨티 플래티넘 카드를 해지하려 했는데 연회비를 면제해준다고 했다. 그래서 1년 더 쓰기로 했다. 우는 아이만 떡 하나 더 주는 세상이다.

09.
17.

1.

영화 〈카페 소사이어티〉는 우디 앨런 특유의 유머와 통찰과 취향이 잘 녹아 있는 작품이다. 1930년대가 배경인 영화는 LA와 뉴욕을 넘나들며 전개되고 제시 아이젠버그Jesse Eisenberg가 연기하는 '버니'가 크리스틴 스튜어트Kristen Stewart가 연기하는 '보니'와 사랑에 빠지고 헤어졌다가 다시 만나는 사연을 그린다.

버니가 처음 보니를 만났을 때 빛나던 캘리포니아의 태양과 실연의 아픔을 갖고 뉴욕으로 돌아오는 장면이 대조적이고, 블레이크 라이블리Blake Lively가 연기하는 '베로니카'를 만나 그를 재즈 클럽에 데려가던 장면은 숨 막히게 아름답다. 버니의 재즈 취향은 그가 왜 할리우드에 안착할 수 없는 인간인가를 잘 보여준다. 버니가 자신의 취향으로 베로니카를 유혹하는 건 대단한 성취감을 주지만 그가 진짜 사랑한 사람은 여전히 보니다. 그러나 보니가 자신보다 훨씬 나이가 많고 거물인 그의 삼촌 필을 택함으로써 버니의 사랑은 영원한 처연함으로 남게 된다.

나이는 많지만 성공한 남자의 사랑을 거부하기는 매우 어렵다. 그러나 젊은 감성으로 파닥거리는 뉴욕 출신 청년의 순정도 거부하기 어려운 매력이 있다. 문제는 선택의 순간이 다가올 때 보니가 선택할 수 있는 건 불확실한 것이 아니라 확실한 것이라는 거다. 만약 불확실한 것의 가능성이 만개해버리면 보니의 선택은 처연함을 남길 수밖에 없고, 그것은 결국 현실이 된다. 그래서 이 영화의 마지막 장면은 버니와 보니가 각기 다른 곳에서 자신의 선택을 두고 복잡한 표정을 짓는 것으로 끝난다.

2.
순이 프레빈과 결혼한 우디 앨런이 이런 영화를 만드는 것 자체가 이미 하나의 기적이다.

3.
백건우와 윤정희 같은 존재가 아니라면 우리는 누구나 조금씩 버니와 보니다.

09.
19.

1.
긴 연휴를 보냈다. 토요일에 파주에 있는 신세계 아웃렛을 갔는데 사람이 정말 바글바글했다. 아이들에게 원하는 대로 다 사라고 했더니 신발을 두 켤레씩 골랐다. 뉴발란스와 퓨마에서 신발 네 켤레를 샀는데 값이 싸다 보니 20만 원이 살짝 안 된다. 내가 어렸을 때 처음으로 샀던 나이키 신발이 생각난다. 국민학교 6학년 여름이었는데 그걸 안고 잤다.

2.
《숨결이 바람 될 때》(흐름출판, 2016)를 읽고 운 사람들은 아마 폴 칼라티니Paul Kalanithi의 억울한 운명에 공감했기 때문일 것이다. 36살에 폐암 말기가 될 확률은 0.01퍼센트도 안 된다. 하지만 그런 운명을 이미 한 번 목격한 나로서는 책을 읽으며 어떻게 사는 게 최선일까, 어떤 죽음을 맞이할 것인가에 더 초점을 두고 읽었다. 그래서 눈물 대신 깨달음이 남았다.

09.
26.

《숨결이 바람 될 때》 서평을 썼다. 죽음에 대한 생각은 늘 삶으로 귀결된다. 내가 살아 있기 때문일 것이다.

09.
30.

1.

《나는 나를 어떻게 할 것인가》(김영사, 2015)를 쓸 때, 지금 같은 사교육비 지출은 계속 유지되기 어렵다 생각하고 책을 썼지만 교육 제도는 아직 바뀌지 않았다. 그 말은 아직도 많은 부모가 감당 불가능한 수준의 돈을 사교육비로 쓰고 있다는 뜻이다. 나 역시 내년이면 중학교에 들어가는 아이가 있다. 또래 지인들의 자식은 대부분 반포나 대치동 학원에서 시간을 보내지만 내 아이들은 학원도 다니지 않고, 나와 아내 모두 일을 하다 늦게 들어간다. 아이들이 "학원 다니고 싶어요"라고 말하며 열심히 학원을 다녀주면 좋겠지만 그런 일은 일어나지 않았다. 학원 가기 싫다고 하길래 그럼 가지 말라고 했을 뿐이다.

2.

한 시간에서 한 시간 반 정도면 할 수 있는 숙제를 내주고 나머지 시간은 거의 간섭하지 않는다. 숙제를 다 끝내면 원하는 게임을 할 수 있게 해준다. 나는 어렸을 때도 게임을 좋아하지 않았다. 잘 못해서다. 아이들은 나와 달리 게임을 잘하고 또 좋아한다. 게임을 만드는 능력이 있으면 좋겠지만 그런 능력은 게임을 좋아하고 잘해야 가질 수 있다. 중독성이 높다고 해서 일방적으로 못하게 하는 게 옳은 것 같지는 않다. 어차피 인간은 중독되지 않으면 싫증을 낸다. 중독도 살면서 다뤄야 할 중요한 문제 중 하나다. 내가 아이들이 하는 공부 중 유일하게 신경 쓰는 게 수학인데, 다른 공부는 자발적인 동기부여가 가장 중요하지만 수학은 기초가 부실하면 따라가기 어렵다는 걸 알아서다.

3.

아이들에게 중학생이 되면 알바를 해야 하고, 그게 싫으면 아빠 회사에 나와서 일을 해야 한다고 세뇌시키고 있다. 그리고 틈틈이 금융시장의 원리에 대해 가능한 한 많이 설명해주려고 한다. 좋은 대학을 가면 좋지만 좋은 대학을 나와도 보고서 하나 제대로 이해하지 못하는 친구들을 많이 봤기 때문이다.

어떤 인생이 좋은 인생인지에 대한 정답은 없다. 그저 자신이 잘하는 일을 발견하고, 거기서 자신의 소명을 발견하면 제일 좋다고 믿는다. 그게 교육의 궁극적인 목적이다. 나는 책을 많이 읽지만 아이들이 책을 안 읽는 인간이 된다 해도 딱히 뭐라 책망하고 싶은 생각은 없다. 그 시간에 훨씬 즐거운 일(그런 게 있다면)을 한다면 그게 더 좋지 않을까. 단 하나의 과도한 희망이 있다면 아이들이 인간관계에서 감동받고 인정받고 도움받는 사람이 되는 것인데, 그건 가르친다고 되는 게 아니라고 생각한다. 인간관계 때문에 기쁨과 행복을 느끼는 경험이 훨씬 중요하다.

10.
07.

백남기 농민 사망과 관련해 말이 많다. 나는 시민으로서의 정치적 자유와 시민을 위한 경찰의 공권력 행사 모두 중요하게 생각한다. 시위가 과격해져 경찰이 숨지는 일이 생기면 비극적 사건이라 여겨 애도할 것이고, 경찰의 난폭한 진압으로 시민이 숨지면 그 또한 비극이라 애도할 것이다. 그리고 어떻게 하면 그런 불필요하고 비극적인 죽음을 막을 수 있을지 고민할 것이다. 만약 격렬한 시위 끝에 경찰이 사망했는데 정치적 자유를 말하거나, 폭력적인 진압으로 시민이 사망했는데 공권력의 권위를 주장하는 자가 있다면 (분명히 그런 자들이 존재한다) 나는 그런 부류의 인간들과는 마음을 열고 우정을 나눌 생각이 없다. 그들은 내가 사랑하는 사람이 죽어 슬퍼하고 있을 때 "어차피 인간은 죽어" 따위의 말을 할 인간들이다. 나는 이런 인간들 면전에 대고 "그러니

너나 빨리 죽어"라고 말하고 싶지 않다. 보지 않는 게 최선이다. 그런 인간이 정치인이고, 그를 보지 않으려면 뽑지 않는 것밖에는 방법이 없다.

 하지만 공군기 추락으로 죽은 조종사들의 장례식에 참석하는 야당 정치인이나 시위 중이던 시민이 난폭한 진압으로 죽었을 때 조문하는 여당 정치인을 보기란 왜 이렇게 힘든 것인가. 균형 잡힌 정치란 결국 엄청난 블루오션일 텐데.

10.
12.

드라마 〈청춘시대〉에서 가장 인상적인 캐릭터 윤진명(한예리)이 공사시험에서 떨어진 후 강이나(류화영)에게 넋두리하는 장면이 있다. 윤진명은 식물인간으로 6년째 병상에 누워 있는 동생 때문에 수많은 아르바이트를 하느라 휴학을 거듭했다. 공부할 시간조차 없었지만 서류전형과 필기시험을 통과했다. 그러나 최종 면접에서 탈락한다. 윤진명은 말한다. 내 문제가 뭔지도 알고 뭘 더 해야 하는지도 알겠는데 더 이상 할 수 없다고, 그럴 힘이 없다고. 담담하게 말하는 윤진명의 모습은 처연하다. (정확히는 "걔 구두가 내 구두보다 나은 것 같진 않았어. 그러니까 나 때문이야. 내 잘못이야"란 대사다. 객관적이라 더 가슴 아프다.) 이 에피소드 마지막에서 윤진명의 하우스 메이트들이 그를 안아주는 장면이 이 드라마의 백미라 할 수 있다.

〈청춘시대〉에서 느끼는 먹먹함은 클린트 이스트우드Clint Eastwood의 〈밀리언 달러 베이비〉를 보며 느꼈던 숨 막힘과 비슷하다. 대개 내 최선의 총량은 절대적 최선의 기준에는 맞지 않는다. 아마도 성공의 커트라인에는 터무니없이 부족할 것이다. 그러니 최선을 다하지 못한 셈이지만 그것이 나로서는 최선이었다는 한숨이 심장을 가득 채울 때가 있다. 내가 하는 일, 내가 하는 사랑, 내가 목표로 하는 그 무엇에도 해당될 수 있는 얘기다. 아마 내 사랑이 부족해서 그(녀)가 나를 사랑하지 않은 것이고, 내 노력이 부족해 목표를 성취하지 못한 것이겠지만 거기까지가 내가 짜낼 수 있는 능력의 최대치인 것이다.

나의 최선이 성공의 커트라인인 절대적 최선과 다르다는 걸 깨닫는 게 지성의 힘이다. 지성이 없다면, 즉 내가 뭘 알고 모르는지, 뭘 할 수 있고 할 수 없는지 자각하지 못하면, 행복과 성공을 얻기는 어렵다. (이것을 심리학에서는 메타 지성이라고 부른다.) 하지만 때로는 그 모든 걸 알아도 타협할 수 없을 때가 있다. 인정할 수 없을 때가 있다. 윤진명의 한숨과 눈물은 그래서 가슴을 울리는 것이다. 어니스트 헤밍웨이의 《파리는 날마다 축제》(이숲, 2012)의 어떤 부분에서는 눈을 떼지 못하는 것도 역시 같은 맥락이다. 헤밍웨이는 이 매력적인 에세이에 이렇게 썼다.

어쨌든 그날 하루도 대단히 기분 좋게 시작되었다. 내일도 열심히 글을 쓰리라. 글쓰기는 내게서 거의 모든 것을 치유해주었고, 그것이야 말로 내가 당시에도 믿었고 지금도 믿는 일이다.

지난 주말 제주도에서 이 부분을 읽고 잠시 멍하니 창문 너머 풍경을 바라본 이유는 헤밍웨이가 예순둘에 자살한 것을 이미 알고 있었기 때문이다. 육체적·정신적 병마(그는 심각한 우울증에 시달렸다)와 싸우며 엄습하는 몸의 마비를 저주했던 헤밍웨이의 마음을 비로소 알 것 같았다. 그는 아버지가 겪었던 것과 같은 마비로 더 이상 글을 쓸 수 없게 되었다. 이 대목을 읽고 더 이상 쓸 수 없다는 고통이 그에게 어떤 의미였는지 조금은 짐작이 갔다. 그리고 그의 소설이 일관적으로 다뤘던 주제가 생각났다. 운명과 대결하는 한 인간은 승리할 수도 패배할 수도 있다는 것, 하지만 인간의 삶은 승패의 결과가 규정하지 않는다는 것.

마지막으로 윤진명의 주제곡처럼 쓰이던 강아솔의 노래 〈매일의 고백〉 가사. 참 좋다.

어떻게 하면 이 고마운 맘
조금의 상함 없이
온전히 그대의 맘속에 전할 수 있을까
나는 오늘도

그대가 건네준 이 온기를 신고서

그 어떤 슬픔도

그 어떤 눈물도

넉넉히 견뎌 걸어간다

10.
14.

밥 딜런이 노벨문학상을 받았다. 밥 딜런에게 노벨문학상을 준 이유는 노벨위원회가 미국을 비롯한 전 세계에 어떤 메세지를 던지고 싶어하는가를 생각하면 찾을 수 있다고 생각한다. 상당히 높은 (현재는 자신의 과거 발언 때문에 꽤 낮아졌지만) 트럼프의 당선 가능성을 놓고 당황해하는 세상에게 우리가 누리고 있는 정치적 자유는 거저 이뤄진 게 아니라는 것, 고민하고 투쟁하고 논쟁했던 시대가 있었기에 가능해졌다는 것, 그러니까 오늘의 미국도 거저 얻어진 게 아니라는 걸 말하고 싶었다고 생각한다. 미국인들이 밥 딜런을 사랑하는 이유는 그의 가사가 갖는 시적 감수성 때문이기도 하지만 그의 노래가 정치적인 메시지를 담고 있어서이기도 하다. 정치적 메시지의 핵심은 인간이 포기할 수 없는 사랑과 평화 그리고 자유였다. 그러고 보니 모든 상은 정치적이다.

10.
18.

싱가폴 트레이더 K의 전화를 받고 이런저런 이야기를 나눴다. 수익과 실력과 멘탈에 관한 이야기였다. 내 경험으로 지난 수년 동안 처절하게 집중하면 대개 선물 트레이딩에서 돈을 벌었다. 문제는 24시간 집중하는 게 너무 고통스러웠다는 것이고 과연 이것이 지속 가능한 삶의 형태인지 의문이 들었다는 것이다. 아마 다시 그런 집중력과 집착을 가지면 큰돈을 벌 수 있을 것이다. 실력이 일정 수준 이상이 되면 수익에 대한 처절한 집착과 손실에 대한 극악한 혐오가 돈을 벌게 해준다.

10.
29.

1.
2007년 〈한겨레〉가 최태민과 최순실과 박근혜의 관계에 대한 의혹을 제기하며 징역 8개월에 집행유예 2년을 받은 김해호 씨에 대해 보도했다. 그의 죄목은 명예훼손과 선거법 위반이다. 문제를 제기한 사람이 없었던 게 아니라 그런 사람을 비방으로 몰아 처벌했기 때문에 검증 자체를 할 수가 없었던 것이다.
　우리나라는 사실적시 비판도 명예훼손으로 처벌한다. 즉 도둑놈을 도둑놈이라 비난해도 명예훼손이 성립된다. 도둑일 가능성이 높은 자에 대한 문제 제기는 더욱 위험하다. 하물며 그게 선거라면 더 심하다. 선거법 위반이 더해지기 때문이다. 국민들의 알 권리는 심각하게 제한된다. 우리나라도 미국을 비롯한 대부분의 선진국처럼 형사상 위법에서 사실적시 명예훼손을 제외해야 한다. 대신 사실관계를 따지지 않는 비방을 막기 위한 법적 장치를 만들면 된다. 사실이 아닐 경우 책임져야 하는 민·형사상 책임을 압도적으로 늘리는 것이다.

2.
나는 어떤 진영에 속한 정치인이든 인간의 정치·경제적 자유를 제약하는 후보를 지지할 생각이 없다. 다른 사람에게 피해를 주지 않는 한 인간은 자신의 자유의지대로 살 권리가 있다. 그 권리를 위해 시장의 자유와 국가안보가 필요한 것이다. 박근혜 정권의 레토릭 중 유일하게 그럴싸한 것이 '창조경제'였다. 하지만 이 정권의 문제는 창조의 원천이 자유라는 단순한 사실을 이해하지 못했다는 것이다. 이해하지 못하니 믿지 못했고 믿지 못하니 실천하지 못했다. 그래서 우리는 시간을 잃었고 미래는 어두워졌다.

3.
내 아내처럼 S형의 아내도 일을 한다. 우리가 비슷한 처지 같지만 외국계 PEF private equity fund에서 일하는 S형의 아내가 S형보다 훨씬 돈을 많이 번다는 점이 다르다. 하루는 S형이 아이들에게 "엄마가 일하지 말고 집에서 너희와 같이 있을까?"라고 물었더니 딸인 둘째가 너무 좋아했다고 한다. 조금 있다가 초등학교 5학년인 오빠가 동생을 불러내서, "그렇게 말했다가 엄마가 집에 있으면 우리는 죽도록 공부만 해야 한다"며 혼을 냈다고 한다. 너무나 설득당한 동생은 입을 다물었고, 그 모습을 본 S형은 너무 웃기다고 했다. 우리 집도 비슷하다. 아내가 (그럴 생각이 전혀 없지만) 같은 질문을 하면 아이들의 반응은 한결같다. "그러실 필요 없으니 일하세요." 엄마의 삶을 지지하는 게 아니라 지들 생각을 열심히 하는 거다.

11.
01.

오늘 아침 선배 L에게 한 말.
"세상에는 분별력 있는 사람이 많지 않아요. 손에 있는 걸 놓칠 것 같아야 비로소 소중해지고 다 잃을 것 같아야 겨우 바뀌죠."

11.
03.

도널드 트럼프의 인생에서 배울 점이 있을까. 그를 싫어하는 사람들에게는 미안한 이야기지만 분명히 있다. 트럼프 인생에 자주 등장하는 단어는 '모멘텀momentum'이다. 그는 사업가의 마인드로 '물 들어오면 노를 저어야 한다'는 명제에 충실했다. 사실 트레이더 입장에서도 이만큼 중요한 단어는 없다. 투자도, 커리어도, 공부도, 심지어 사랑도 모멘텀을 잃어버린 뒤 다시 찾으려면 어마어마한 힘이 필요하다. '관성'을 거스르려면 몇 배의 힘이 더 필요해서다. 게으른 아이의 관성을 되돌리려면 그렇지 않은 아이보다 더 많은 교육과 훈육이 필요하다.

돈을 벌고 있는 트레이더는 수익의 모멘텀을 유지하기 위해 노력해야 한다. 선물 트레이딩은 특히 더 그렇다. 그렇기에 트럼프가 모멘텀을 상실하면 생각보다 빨리 포기할 수도 있다고 생각했는데, 지금 트럼프는 모멘텀을 찾았기 때문에 열심히 뛰고 있을 거다. 트럼프 입장에서는 지지율은 앞서도 선거인단에는 뒤지는 게 현재 상황이 아닌가 싶다.

11.
11.

오바마가 백악관에서 트럼프 당선에 대한 생각을 밝혔다. 최선을 다해도 패할 수 있는 게 선거고, 우리는 앞으로 전진할 거니 힘을 내자는 얘기였다. 곰곰이 생각하면 그것 말고 다른 방법은 없다. 우리 인생도 마찬가지다.
 이제 미국인들의 절반은 이 동영상을 향후 4년 동안 자주 꺼내 볼 것이다. 다행히 아주 근사하다.

11.
29.

트레이딩을 처음 할 때가 생각난다. 벌써 15년 전 일이다. 선물 트레이딩을 하라고 계정과 한도를 받기는 했는데 뭘 어떻게 해야 할지 몰라서 그냥 감으로 사고팔고 했다. 그때 하루하루 차트를 모아 (무식하게 잘라서 그림 파일로 오려놓았다) 수백 개가 됐을 때 매일 처다봤다. 차트는 참 이상했다. 어떤 때는 따라가야 하고 어떤 때는 반대로 가야 했다. 이 두 가지만 결정하면 되는데 그걸 결정하는 게 어려웠다.

  요즘도 그때 모아놓은 차트를 무심히 본다. 가격에 움직이는 내 마음을 바라보는 것은, 바람에 흔들리는 것은 내 마음인가 아니면 나뭇가지인가를 논하는 〈달콤한 인생〉의 김선우(이병헌)의 마음보다 훨씬 복잡하다.

11.
30.

<u>1.</u>
좋은 질문을 해야 좋은 인간이 된다. 잘못된 질문을 하면 잘못된 생각에 빠진다.

<u>2.</u>
웬만하면 밤 12시 이전에 자는 습관을 갖자고 생각했다. 인생은 긴 게임이다.

12.
02.

계속 가격을 보고 있으면 미세하게 균형이 무너지는 순간이 있다. 가격이 오른다는 건 비싸진다는 것이고 내려간다는 건 싸진다는 것이다. 오를 때 팔기가 무서운 건 그 광폭한 추세 때문이다. 이미 비싼 상태라면 그 추세는 얼마 가지 못한다. 여러모로 고려할 게 많지만 결국은 가격과 재료가 전부다.

12.
11.

헤밍웨이의《파리는 날마다 축제》를 다 읽었다. 휴가 가서 느긋한 마음으로 원서로 읽어도 좋을 에세이였다. 에세이가 끝난 뒤 나오는 사진들 하나하나에 역자가 설명을 달아놨는데, 그게 상당한 호소력이 있었다.

소설가가 쓴 작품의 내용과 소설가의 삶을 동일시하기는 어려운데 헤밍웨이는 삶 자체가 소설처럼 드라마틱하다. 전쟁에 참전해 죽을 고비도 넘겼고 와중에 로맨스도 있었다. 네 번 결혼했는데 위대한 작품을 할 때마다 새로운 여자를 만났다. 30살 어린 여자부터 8살 많은 여자, 미인부터 아주 똑똑한 여자까지 스펙트럼도 다양했다. 권투를 했고 실제로 유명한 싸움꾼이라 프로 권투 선수를 이기기도 했다. 8천 권의 책을 가진 독서광이었고 낚시와 사냥을 좋아했지만 많은 동물을 키웠다. 한마디로 '모순에 찬 인간'이란 것인데 과연 누가 떳떳하게 '나는 모순에 찬 인간이 아니'라고 말할 수 있겠는가. 그 모순을 스스로 설명할 수 있다면 그건 더 이상 모순이 아니다.

12.
14.

손실 가능성이 낮은 포지션을 찾아다니는 것.
 의미 있는 수익이 생기면 절반은 이익실현하고 다음 국면을 관망하는 것.
 말은 쉽다.

12.
16.

1.
과감하지 않으면 돈을 벌기 어렵다. 포지션이 크면 과감하기 어렵다. 이게 영원한 딜레마다.

2.
예전에 트럼프의 조세정책에 대한 코멘트를 트윗했더니 누군가 자신이 구글링한 결과는 전혀 다르다며 멘션을 했다. 물론 나는 늘 그렇듯 답을 하지 않았다. 트럼프의 조세정책과 힐러리의 조세정책을 비교하고 싶다면 구글링을 할 게 아니라 그들의 홈페이지에 가서 정책을 비교하는 것이 맞다. 사람들이 그렇게 하지 않는 이유는 귀찮아서다. 그래서 그런 습관을 가진 사람들이 안 그런 사람들을 상대로 돈을 버는 것이다.

12.
20.

마루야마 겐지의 책을 읽으며 가장 인상적이었던 대목은 "부모들 중에 자식을 낳는 것이 무슨 의미인지 생각하고 낳은 사람은 없다"는 단언이었다. 의미를 생각하고 낳지 않아서 대다수가 아이를 대충 키운다는 것이 그의 주장인데 솔직히 많이 공감했다. 나 역시 아이를 낳는다는 게 무슨 의미인지 깊이 생각하지 못했던 것 같다.

생각해보면 사람들은 깊은 생각을 하고 어떤 행동을 하지 않는다. 전세를 살던 사람들은 전셋값이 오르면 불평할 뿐 집을 사야겠다는 생각은 하지 않는다. 왜 이런 현상이 일어나는지 생각해보고 집을 사는 과감한 행동을 하는 사람들은 극히 일부분이다. 내재가치와 시장가치를 고려해 집을 사는 사람도 별로 없다. 그럴 수 있는 사람들은 상당히 과감한 사고방식이 몸에 밴 사람들이고 대부분 부자다. 마찬가지로 카페를 하든 치킨집을 하든 하기 전에 상황을 분석하고, 비교하고, 최악의 경우를 대비하고, 최상의 꿈을 꾸는 사람도 극히 일부다.

무라카미 하루키의 《노르웨이의 숲》에는 미도리의 아버지가 입원한 후 와타나베가 나가사와와 했던 대화를 떠올리는 부분이 있다. 와타나베는 나가사와와 나눴던 대화를 떠올리며 나가사와처럼 철저히 준비된 인생을 사는 사람은 없다고 한숨을 쉰다.

그는 담배를 피우고 나는 미도리 아버지를 생각했다. 미도리 아버지는 텔레비전으로 스페인어를 배우자는 생각은 아예 해 보지도 않았을 것이다. 노력과 노동의 차이가 어디에 있는지도 생각해 보지 않았을 것이다. 그는 그런 걸 생각하기에는 너무 바빴다. 일도 바빴고 집 나간 딸을 데리러 후쿠시마까지 가야 할 때도 있었다.

《노르웨이의 숲》의 여러 가지 장면을 좋아하지만 이 장면도 좋아한다.

12.
22.

21세기는 경제학을 모르면 예수님도 이웃을 사랑하기 어려운 시대다. 이웃에게 몇 푼을 기부해도 바보 같은 경제정책이 이웃의 호주머니를 털고 일자리를 빼앗을 수 있기 때문이다.

좋은 결과는 선의가 아니라 머리에서 나온다.

12.
25.

1.
인터넷에 서평을 쓰는 블로그들을 가끔 보는데 대부분 읽은 책에서 인상적인 내용을 옮기는 수준에서 그친다. 물론 책을 읽지 않는 사람들보다는 훨씬 낫지만 거기서 한 걸음 더 나아가려면 읽은 책을 덮고 글을 써야 한다. 이 책은 내 생각에 어떤 영향을 줬는가, 이 책을 읽고 어떤 순간이 떠올랐는가, 이 책은 어떤 고민을 해결해줬는가, 이 책이 어떤 고민을 던져줬는가, 이런 걸 써보는 것이다. 그 책에 동의하지 않기 때문에 어떤 자극이 될 수도 있고, 너무 감동받았기 때문에 어떤 변화가 올 수도 있다. 이렇게 10권의 서평을 쓰는 순간 독립적인 사고가 이뤄지고 있다는 자신감이 붙는다. 자신의 이야기를 할 수 있게 되는 것이다. 그건 정말 큰 변화다.

2.

저녁을 할 힘이 없어 집 근처 식당에서 김치찌개와 계란말이를 먹고 오는데 어느 주점 스피커에서 버스커 버스커의 〈벚꽃 엔딩〉이 흘러나왔다. 두 아이가 동시에 말했다. "정말 너무하네." "인생에 성의가 없네." 초딩들의 눈은 냉혹하기만 하다.

2017년

01.
04.

<u>1</u>.
누군가를 미워한다고 그가 적은 아니다. 아무리 사랑해도 내 안위와 이해와 반하는 관계에 있는 사람이 적이다. 우리에게 일본은 그래서 적이 아니고, 우리에게 북한은 적이다.

<u>2</u>.
돈을 벌려면 부지런해야 한다. 그것도 효율적으로.

01.
06.

나는 늘 시장이 두려우면서도 좋았다. 훈련과 공부가 제대로 되어 있다면, 시장을 면밀하고 꼼꼼하게 분석한다면, 대개 시장은 보상을 해준다.

01.
11.

매일 읽고 쓰고 생각하면 과연 다른 사람들보다 얼마나 더 나아질 수 있을까? 이론적으로는 일관적으로 1퍼센트만 나아도, 동전 던지기의 가능성에서는 1퍼센트만 높아도 계속 동전을 굴리면 큰 수익을 얻는다. 하지만 현실에서는 1퍼센트가 아니라 10퍼센트, 10퍼센트가 아니라 30~40퍼센트씩 차이가 나게 된다.

01.
12.

 매일매일 똑같은 것만 해서 학교를 싫어했고, 매일매일 다르고 새로워서 시장이 좋았다. 영어를 잘하는 머리 좋은 애들은 문제집을 푸는 게 아니라 영어로 된 책을 열심히 읽는다. 무라카미 하루키처럼. 수학을 잘하는 애들은 수학을 파고 파서 더 멀리 나간다. 친구 K처럼.
 스티브 잡스 전기에 따르면, 잡스는 새로운 것에 강박적으로 매달렸다. 남자아이들은 지루한 것을 잘 참지 못하기에 게임을 좋아한다. 하지만 게임에 빠지면 지루함이 주는 창조의 기회를 놓치게 된다. 지루해야 무엇인가 모색하는 것이다.

01.
21.

성공은 인내심을 갖고 기다리다 기회가 왔을 때 과감해진 결과일 뿐이다. 사업의 성공, 전투의 승리, 경기의 우승, 연애의 결실, 높은 수익률 모두 다 마찬가지다. 세상 사람 모두가 아는 사실이지만 실천하는 사람은 한줌밖에 안 되는 우주의 비밀이다. 작년 9월 환율이 1,100원을 찍었을 때 〈SBS〉 9시 뉴스는 강남 부자들이 달러를 사고 있는데 최근 하락 추세로 보아 피해가 우려된다고 보도했다. 식당에서 그 뉴스를 보다 코웃음을 쳤다. 그날 환율은 거의 바닥이었다. 강남 부자들이 뉴스를 보도한 기자보다 훨씬 과감하기에 생기는 결과다.

01.
26.

친구 아버님이 3년 동안 투병한 이야기를 듣다 보니 남의 일 같지 않아 맘에 걸렸다. 어쩌면 이 생과 쉽게 정리하라고 죽음 전에 고통을 주는 것이 아닌가 하는 생각도 들었다. 사실 현대과학이 발달하기 전에는 인간이 감당해야 할 고통의 총량이 어마어마했다. 동물들은 모두 굉장한 고통 속에 죽거나 아니면 죽임을 당한다.

국선도 수련을 40년 가까이 하고 계신 부모님은 다른 분들에 비하면 건강이 압도적으로 좋음에도 노화 때문에 이런저런 통증과 싸우고 계신다. 여든을 바라보는 나이에는 어쩔 수 없는 현상이다. 인간은 노화를 감당해야 하고 노화의 끝에는 죽음이 있다. 많은 사람이 외면하지만 죽음은 사실 고통 그 자체다.

이런저런 상념으로 찬 밤.

01.
31.

1.
　어제 아침 아이들을 데리고 〈라라랜드〉를 봤는데 왜 수상을 했고, 흥행에 성공했는지 알 수 있었다. 음악은 수려하고 영상은 화려하며 주제는 선명하다. 인상적인 대목도 여러 군데 있었다. 오디션은 계속 떨어지고 연애는 지루한 미아(엠마 스톤)가 우연히 만난 세바스찬(라이언 고슬링)에게 끌리는데, 여기서 압권은 미아가 세바스찬과 영화를 보기로 한 날 남자친구인 그렉(핀 위트록)의 형 커플과 더블데이트를 하다 달려나가는 장면이다. 미아의 마음을 움직인 건 별거 없지만 재즈에 대한 꿈을 갖고 사는 세바스찬의 모습이다.
　미아가 엄마와 통화하는 모습을 본 세바스찬은 현실과 타협해 '메신저스'라는 밴드에 들어간다. 밴드가 성공하자 세바스찬은 바빠지고 그들의 사이는 멀어진다. 미아는 세바스찬이 밴드로 돈을 벌어 꿈꾸던 재즈클럽을 할 것이라 믿었다. 하지만 미아는 세바스찬과 대화를 하다 그가 더 이상 자신이 사랑했던 남자가 아니라, 그저 '이런 게 인생'이라며 낙담하는 찌질이에 불과하다는 걸 깨닫는다. 그들의 갈등은 미아가 오랫동안 준비한 일인극에 실패하며 정점으로 치닫는다. 세바스찬은 일인극에 오지 못했고, 둘은 헤어진다.

영화에서 가장 공감한 대사는 미아의 대사였다. 재즈클럽을 만들어 정통 재즈를 하겠다던 세바스찬이 "이제 누가 재즈 같은 걸 듣겠어?"라며 자조할 때 미아는 이렇게 말한다. "당신은 열정이 있는 사람이고, 사람들이 그런 사람에게 끌리는 이유는 자신들이 잃어버렸다고 생각했던 것을 그 사람에게서 발견하기 때문"이라고. 어쩌면 〈라라랜드〉는 이 한마디 말을 하기 위해 달려온 것인지도 모르겠다. 그 뒤로 이어지는 미아의 성공과 그들의 이별은 전에 내가 책에 쓴 내용과 비슷하다. 지루하고 고통스럽지만 꿈을 꾸는 사람만이 퀀텀 점프의 순간을 기다릴 수 있다는 것이다. 퀀텀 점프의 순간을 경험하지 못할 뻔했지만, 미아는 성공한다.

2.

영화 말미에는 미아와 세바스찬이 헤어지지 않았을 때의 상상이 펼쳐지는데, 미아와 세바스찬 둘 중 누구의 상상인지 알 길은 없다. 하지만 그 둘의 사랑은 그렇게 끝나는 게 현실적이지 않았을까. 성공한 여배우는 성공한 사업가의 얼굴을 한 남자와 더 잘 어울린다. 매일 밤 열정을 발산하는 남자는 매력적이지만 피곤하다. 연애는 그런 남자와 하는 편이 좋겠지만 그가 좋은 결혼 상대인지는 잘 모르겠다. 그 둘이 결혼했다면 과연 행복했을까.

3.
'메신저스'라는 밴드의 노래는 영화의 설정과 달리 꽤 좋지 않나? 존 레전드 밴드니까 안 좋은 게 이상할지도 모르겠다.

4.
오디션을 마친 미아가 세바스찬에게 묻는다. "우리는 지금 어디 있지?" 세바스찬은 말한다. "흘러가는 대로 가보자." 미아는 슬픈 얼굴로 말한다. "어디에 있든 영원히 사랑해." 세바스찬도 같은 말을 하지만 듣는 사람들은 모두 알고 있다. 부질없는 말이란 것을.

02.
01.

1.
예술은 위대한 면이 있다.《나는 나를 어떻게 할 것인가》에서 꿈에 대해 썼지만 영화를 보니 꿈이 인간에게 미치는 영향이 너무 간단하게 설명된다. 아마 사람들은 "꿈이 있어야 지루한 시간을 버티며 퀀텀 점프를 할 수 있다"는 말보다 〈라라랜드〉에서 미아가 도약하는 걸 보며 지루한 시간을 인내할 힘을 더 쉽게 낼 수 있을 것이다.

2.
도전이나 꿈을 이야기하면 프로 스포츠 선수들을 이야기하지 않을 수 없다. 그중에서도 노모 히데오野茂英雄와 스즈키 이치로鈴木一朗에 관한 이야기가 꽤 유명하다. 일본 프로야구 선수들은 미국에 가지 않아도 돈을 많이 받는다. 무엇보다 일본 문화 자체가 조직에 흠집을 내는 인간을 싫어하다 보니 별종이 아니면 기득권을 버리고 미국으로 가는 개척자 정신을 발휘하기가 쉽지 않다. 박동희 기자가 쓴 노모 히데오의 기사를 보면 인간적인 존경심이 생긴다. 자신의 실력과 노력을 믿고 사회적 공기가 주는 압력에 굴복하지 않는 것은 쉽지 않은 일이다. 노모는 "소시민은 항상 도전하는 자를 비웃는다"는 유명한 말을 남겼다. 그것도 한창 잘나갈 때가 아닌 은퇴 후 남들이 자신을 퇴물이라고 비아냥거릴 때.

"당신은 왜 포기하지 않는 것인가?"
"야구를 좋아하니까."
"돈 때문인가?"
"돈이라면 아내와 평생 스포츠카를 타고 놀러 다닐 만큼 있다. 난 야구가 좋다."
"독립리그를 뛰는 퇴물이라며 당신을 비웃는 자들이 있는데?"
"소시민은 항상 도전하는 자를 비웃는다 小市民はいつも挑戰者を笑う."

02.
06.

"호의가 계속되면 권리인 줄 알아요"라는 말은 영화 〈부당거래〉 주양(류승범)의 대사다. 사업을 할 때, 연애를 할 때도 해당되는 말이지만 아이를 키울 때 해당되는 말이기도 하다. 아이들은 부모의 양보가 계속되면 부모의 양보가 자신들의 권리라고 생각한다. 이성적인 판단을 못하는 어린아이들일수록 그런 생각이 강하다. 그래서 어렸을 때는 엄하게 키우고 나이가 들수록 아이에게 자율권을 주는 교육이 좋지만 한국의 부모들은 대개 그걸 반대로 한다. 물론 그 이유는 알량한 공부 때문이다.

나는 그런 아이들이 부모의 지극정성으로 대학을 가봤자 나머지 인생은 별볼일 없을 거라 생각한다. 어찌어찌 취직은 할 수 있겠지만 시장처럼 독한 곳에서 살아남기는 어려울 것이다. 인생은 무엇인가를 주체적으로 해보지 않은 사람에게 그리 녹록지 않다.

백 번 양보해 아이가 좋은 대학을 가고, 좋은 회사에 가고, 심지어 시장에서 대성공을 하더라도 아이를 그렇게 키우고 싶지는 않다.

02.
07.

대학원 때 경제학과 교수님의 부인은 정신과 의사였는데, 교수님의 두 딸 모두 의사가 됐다. 스승의 날에 교수님께 인사를 드리러 가서 당시에는 고등학생이던 딸들에게 "엄마가 정신과 의사라 좋겠어요"라고 했더니 엄마가 하도 소리를 질러서 "엄마, 정신과 의사 맞아?"라고 묻는다고 했다. 사모님은 옆에서 우아한 모습으로 해맑게 웃고 계셨다. 이게 현실에 훨씬 가깝다.

02.
13.

I cannot give you the formula for success, but I can give you the formula for failure, which is: Try to please everybody.

Herbert Bayard Swope

02.
16.

난 정말이지 더 이상 트레이딩에서 뭔가를 배우고 싶지 않다. 깨달음은 지금까지의 고생으로 충분하다. 하지만 어쩔 수 없이 대가를 계속 지불하게 된다.

02.
20.

　주말 이틀을 비웠을 뿐인데 그새 아내가 큰아들과 한바탕했다. 고분고분한 둘째와 달리 첫째는 자기주장이 강하고 자기중심적이라 늘 아내와 부딪힌다. 나는 고분고분한 아들에게 미래가 있다고 보는 쪽이 아니라 아이를 혼내기는 해도 늘 여지를 만들어 주는데 그게 아내가 보기에는 첫째를 싸고돈다고 볼 수도 있어서 조심해야 한다. 참 어려운 일이다.
　공부를 못하는 건 문제가 있지만 공부 대신 다른 걸 열심히 하고 싶고 또 그렇게 했다면 너무 비난할 건 아니지 않나 싶다. 매력적인 인간은 주체적인 생각 없이 되긴 어렵고 주체적인 생각을 할 수 있는 아이는 절대 부모에게 고분고분하지만은 않을 것이다. 그래서 학원을 다니기 싫어하는 아이를 학원에 보낼 생각은 별로 없다. 아무리 어려도 공부든 인생이든 스스로 찾아야 한다.

03.
01.

요즘 읽고 있는 책《Poor Charlie's Almanack》(Walsworth, 2005)에 나오는 구절. 워런 버핏이 한 말이다.

Look first for someone both smarter and wiser than you are. After locating him (or her), ask him not to flaunt his superiority so that you may enjoy acclaim for the many accomplishments that sprang from this thoughts and advice. Seek a partner who will never second-guess you nor sulk when you make expensive mistakes. Look also for a generous soul who will put up his own money and work for peanuts. Finally, join with someone who will constantly add to the fun as you travel a long road together.

너보다 더 똑똑하고 지혜로운 사람을 먼저 찾아라. 그를 찾은 후에 잘

난 걸 과시하지 말라고 부탁해라. 그러면 너는 똑똑함과 지혜 때문에 생긴 많은 성취에 대한 찬사를 누릴 수 있을 것이다. 네가 값비싼 실수를 저지를 때 너에 대해 지레짐작하거나 화내지 않을 파트너를 찾아라. 남을 위해 돈을 내어주고 거의 공짜로 일해줄 관대한 영혼을 찾아라. 마지막으로, 인생이란 긴 여행에 끊임없이 재미를 더해줄 사람과 함께하라.

버핏의 책이 아니라 찰리 멍거Charles T. Munger에 관한 책이라, 이런 사람이 되란 말보다는 이런 친구가 필요하다는 쪽의 내용이다. 생각해보면 이런 사람이 꼭 필요하다. 나보다 더 똑똑하고 현명한 사람, 그러면서도 나에게 호감을 느끼고 친절한 사람.

03.
08.

내가 다닌 중학교는 70명이 한 반에서 공부했다. 17반까지 있었으니 한 학년은 1,200명 정도였다. 매일 싸움이 났고 3학년 때는 연탄 집게와 형광등과 망치로 뒤통수를 때리는 일도 있었다. (망치로 맞아도 사람이 죽지 않는다는 걸 그때 알았다.) 원래 그런 게 아니었다. 그전에는 폭력에도 질서가 있었다. 삥을 뜯기는 했지만 시계를 뺏지는 않았다. 도시락 반찬은 훔쳤지만 잠바를 훔치진 않았다. 주먹 서열 1위(그야말로 압도적 1위였다) S가 죽고 나서 아수라가 찾아왔다. 지금도 정확하게 기억한다. 공휴일 다음 날 학교에 왔더니 담임선생님이 "S가 물에 빠져 죽었다"고 했다. 책상 위에 하얀 꽃이 올려져 있던 건 잠시였다. 독재가 사라지자 세상은 아수라장이 되었다.

그런 세상에서 이유 없는 괴롭힘을 끊임없이 당하는 친구들이 간혹 있었다. 대개 존재감이 애매한 아이들. 괴롭힘 초기에 의자를 들어 상대의 머리를 치는 아이들은 더 이상 괴롭힘을 당하지 않았다. 괴롭힘을 당하다 당하다 어느 순간 도저히 참을 수 없어 투쟁을 선택한 아이들은 괴롭힘에서 벗어나는 과정이 아주 고단했다. 괴롭히는 놈들도 알고 있었기 때문이다. 이 아이는 기본적으로 약하고 부서지기 쉽다는 걸. 그때 깨달았다. 초기 대응이 전략의 대부분이라는 걸.

03.
19.

싯다르타 무케르지Siddhartha Mukherjee의《암: 만병의 황제의 역사》(까치, 2011)를 읽기 시작했다. 서문부터 내가 좋아하는 스타일의 책이었다. 공들여 썼고, 증거가 없이는 단정하지 않으며, 방대하면서도 디테일한 내용을 담고 있다.

남자의 절반은 암에 걸린다. 아마 나도 암에 걸릴 것이다. 걸리지 않기 위한 노력을 거의 하지 않기 때문에 걸리지 않는 게 이상하다. 밤에 늦게 자고, 새벽에 일찍 깨고, 과식하고, 스트레스를 많이 받고, 식사가 불규칙하고, 운동은 근육운동뿐이다. 남들이 하는 것 중에 하지 않는 건 음주와 체질에 안 맞는 음식은 가급적 먹지 않는 정도다. 쓰고 보니 어떤 습관을 고쳐야 하는지 알겠다.

03.
24.

어제 오랜만에 식사를 같이 한 분이 "너도 더 이상 동안이 아니구나"라는 말을 하셨다. 동안인 적은 한 번도 없었지만 밤에 일찍 자야겠다는 생각을 했다.

03.
30.

진입보다 탈퇴가 훨씬 어렵다. 이익과 손실에 대한 생각은 늘 바뀐다.

04.
01.

자유냐 정의냐

만우절이다. 그리고 14년 전, 마흔일곱이던 장국영이 자살한 날이기도 하다. 1956년생인 장국영은 나보다 15살 많다. 그러니까 지금부터 내년 만우절까지의 나는 장국영이 자살한 나이와 비슷해진다.

1994년 나는 대학원 1학기 학생이었고 〈패왕별희〉가 주는 무게를 감당할 수가 없었다. 영화를 본 날 밤에 영화에 대한 글을 썼고, 아침에 다시 읽으니 '혼자 읽기엔 아까운데?'라는 생각에 곧장 신문사 사무실에 그 글을 주고 왔던 것 같다. 기억은 잘 안 나지만 대략 '왜 공리는 자살할 수밖에 없었는가'에 대해 썼던 것 같다.

오랜 시간이 지난 뒤 〈패왕별희〉 오리지널 버전을 보았는데 전에 봤던 것과 완전히 다른 영화였다. 1994년에 상영했던 영화는 아마 너무 많은 가위질을 당하는 바람에 그랬던 것 같다. 내 기억에 의하면, 1994년 상영한 〈패왕별희〉는 어린 두지(장국영)가 당한 성추행 장면, 두지와 시투(장풍의) 사이의 미묘한 동성애 코드가 모두 잘렸다. 경극단의 아이들이 두들겨 맞는 것도 꽤 순화가 됐다. 그래서 시간도 오리지널 버전이 훨씬 길지만 문화대혁명에서 주인공들이 겪는 고충의 충격은 그대로다.

〈패왕별희〉의 주인공들은 기울어가는 청나라의 가난으로 고초를 겪는다. 두지는 매춘부의 아들이다. '아이를 홍등가에서 키울 수 없다'고 생각한 엄마는 경극단에 와 두지를 맡긴다. 육손이(손가락이 여섯 개인 아이)는 경극배우가 될 수 없다고 하자 칼로 어린 두지의 여섯 번째 손가락을 잘라버릴 정도로 단호했다. 아이들에게 경극을 가르치는 극단은 하드코어 스파르타식 교육을 하고 있어서 두지와 시투는 정말 숱하게 맞는다. 여자아이처럼 예쁘게 생긴 남자아이 두지는 초나라 항우와 우희의 고사를 창극으로 만든 〈패왕별희〉의 우희 역할을 연습하지만 자신을 여성을 바라보는 것 때문에 곤란을 겪는다. 하지만 우연한 계기로 위대한 배우가 되어야겠다 결심하는데, 그 과정에서 동료 학생 하나가 목을 맨다. 이 장면이 상당히 충격적이다.

작심한 두지는 우희 역할을 해내며 성공적으로 데뷔한다. 두지에게 깊은 인상을 받은 환관 출신의 부자 할아버지가 어린 두지를 성추행하는 장면이 있는데, 이 장면도 몹시 슬프다. 어른들은 그런 일이 벌어질 걸 알면서도 두지를 그 변태 할아버지에게 보내기 때문이다. 두지는 본능적으로 도망가다 결국 추행을 당하고, 울면서 극단으로 돌아온다.

이 영화는 처음부터 끝까지 중국의 근대사를 관통하는데, 굉장히 디테일하다. 원작이 소설이라 스토리텔링도 탄탄하다. 청나라, 일제, 국민당, 공산당의 지배하에서 겪는 모든 어려움을 다 이겨낸 경극 배우 두지와 시투가, 마지막 문화대혁명에서 처절하게 좌초하는 모습에서는 눈물을 흘리지 않을 수 없다. 인간이란 무엇인가에 대한 깊은 반성과 의문을 던진다.

지배자들이 계속 바뀌는 중국 근대사에는 자신들의 정의를 계속 강변하는 이들이 등장한다. 일본 군인들은 처음에는 경극을 무시하지만 고위 장군 하나가 경극을 총애하자 태도가 바뀐다. 경극 배우들의 입장도 난처해진다. 두지는 자신이 표현하는 예술이 사랑받는 것을 기뻐하지만 이 행동은 나중에 친일 매국노로 단죄받는 이유가 된다. 국민당 정부에 기소된 두지의 죄명은 '민족 반역죄'다. (그는 협박과 고문 때문에 일본인 앞에서 공연했다고 증언하는 대신, 일본이 망하지 않았다면 경극은 일본에도 진출했을 거라고 말한다.) 험악한 역사를 단결해 돌파하던 시투와 주샨(공리) 부부, 그리고 두지는 문화대혁명의 파도에 완전히 휩쓸려 철저히 파괴된다. 잘 버티던 강하디강한 여자, 주샨은 서로를 배신한 이들이 가득한 세상에서 가장 슬픈 눈빛을 하고서는 스스로 목을 매단다. 오리지널 버전을 보고 생각해봤지만 여전히 주샨이 목을 매단 이유는 똑같다고 생각한다. 주샨은 분노한 게 아니라 체념했다.

인간을 좌초시키는 게 고난인지 실패인지 가끔 헷갈리지만 성공으로 이어지는 고난은 오히려 인간을 강하게 만든다. 실패를 통해 더 강해지는 사람들도 있다. 하지만 체념한 인간은 약해진다. 아무것도 기대할 수 없는 사람들은 삶을 포기한다. 나는 어떤 경우에도 체념하지 않으려 하지만 그러려면 의지와 이해가 모두 있어야 한다. 주샨은 두지와 시투의 배신을 이해할 수 있었지만, 살아갈 의지는 없었을 것이다. 인간으로서 쓸 수 있는 의지를 그때 전부 소진해버렸기 때문이 아닌가 싶어 슬프다.

하루가 멀다 하고 지배자가 교체되는 당시 중국은 새로운 권력이 세상을 지배할 때마다 자신들의 정의를 내세웠다. 개인은 그 정의의 테제를 도무지 거부할 길이 없다. 역사의 폭풍우처럼 불어오는 정의의 비바람은 인간에게 빵은 허락할지언정 자유는 허락하지 않기 때문이다. "그건 내 마음이야"라고 말할 수 있는 것을 단죄하려는 인간들은 국가와 민족, 당과 이념을 내세운다. 그들은 이 모든 것이 인간을 위해 존재한다는 아주 원초적인 사실을 인정하지 않는다. 하지만 그들조차 자신들이 내세우는 이념과 철학을 믿지 않는다. 무엇보다 그런 정치적인 행위들은 정적을 제거하고 대중을 장악하려는 의도를 갖고 있기 때문에 그들의 행위에는 늘 폭력이 수반된다. 그렇기에 정의가 판치는 세상에서는 개인들의 자유가 쉴 곳이 없다. 〈패왕별희〉의 개인들이 저항하지 못하고 서로가 서로를 배신하며 좌초되는 걸 보면 마냥 슬플 수밖에 없는 이유다.

중국은 문화대혁명 이후 지금까지, 경제는 발전했지만 여전히 민주와 인권의 개념에는 도달하지 못했다. 다행히 한국은 경제도 발전시켰고 독재를 넘어 민주주의도 일정 수준에 올려놨다. 이 길이 얼마나 어려운지는 굳이 설명하지 않아도 될 것 같다. 아시아 전체, 세계 전체로도 이 정도의 성취를 한 나라는 많지 않다.

나는 국가도 사회도 심지어 가정도 개인을 위해 존재한다고 생각한다. 내가 존재하지 않으면, 내가 행복하지 않으면 속한 모든 것은 존재할 필요가 없다. 개인이 국가에 갖는 의무는 개인이 행사할 권리를 위해 부여받는 계약과 조건일 뿐 일방적 희생일 수 없다. 무엇보다 국가는 개인의 자유를 보장해야 한다. 그렇지 않을 수도 있기 때문에 늘 경계하고 조심해야 한다. 우리가 열심히 일하고 돈을 버는 이유도 사실은 우리를 속박하는 것에서 자유로워지고 싶기 때문이다. 돈이 많다고 자유로워지는 것은 아니지만 돈 없이 자유를 획득하는 것은 정말이지 매우 매우 어렵다.

대선을 앞두고 세상은 또 온갖 정의로 횡행한다. 하지만 나는 정의보다 자유에 대해 말하는 걸 더 좋아한다. 개인이 더 많은 자유를 누리게 만드는 것이 진짜 정의다.

04.
07.

컴퓨터 암호를 까먹어서 난감했다. 자판을 보면서 Q부터 M까지 다 시도해봤는데 되지 않았다. 새벽 한 시까지 출장 갔다 온 짐을 정리했는데, 자고 있던 큰아이가 화장실을 가려고 일어났다. 눈을 게슴츠레 뜨고 있는 아이에게 혹시 암호를 아냐고 물어봤다. 아이가 대답했다.

"실은 제가 어제 뚫었어요."
"그래? 암호가 뭐니? 난 아무리 해도 안 된다."
"도쿄요."
"헐. 듣고 보니 그런 거 같다. 그런데 어떻게 알았니?"
"이것저것 다 해봤는데 도쿄를 갔다 오셨으니까 도쿄겠구나 싶었죠."

내게 절박함이 없는 건지, 내가 나 자신을 잘 모르는 건지, 상상력이 부족한 건지 헷갈린다.

04.
07.

1.

한국으로 돌아오는 비행기 안에서 〈라라랜드〉를 다시 봤다. 영화는 대략 세 부분으로 나뉜다. 초반에는 배우 지망생인 미아가 오디션에서 수모만 당하고 좌절한다. 역시 재즈 피아니스트로 쪽박을 차게 된 세바스찬은 재즈 바bar를 여는 게 꿈이지만 자신이 사랑하는 곳마저 사라지는 것을 보고 안타까워한다. 본인도 연주하고 싶은 음악이 아닌 〈징글벨〉이나 연주하다 해고된다. 이 둘이 우연히 만나 서로에게 매력을 느낀다. 우울한 현실에서 매력을 발산하게 된 캐릭터들이 서로에게 끌리는 장면은 근사하다.

중반부에서는 두 사람이 꿈이라 믿었던 길에서 잠시 이탈한다. 세바스찬은 하기 싫은 음악을 하며 성공하지만 진짜 꿈인 재즈 바를 만드는 것에서는 멀어진다. 미아는 파트타임을 때려치면서까지 열중하던 1인극이 망하는 시련을 겪는다. 이 과정에서 두 사람은 서로에게 상처가 되는 말들을 하는데, 실은 그 말들은 상처가 아니라 피가 되고 살이 되는 말이다. 이제는 사람들이 재즈를 듣지 않는다고 징징거리는 세바스찬에게 미아는 핑계대지 말고 하고 싶은 일을 하라고, 사람들은 열정을 갖고 있는 사람을 사랑하며 People love what other people are passionate about, 자신도 세바스찬의 열정 때문에 재즈를 좋아하게 됐다고 말한다. 세바스찬은 "네가 그런 말을 할 주제가 돼?"라고 빈정거리지만 맘 한구석에서는 미아의 충고를 받아들인다.

1인극이 실패해 미아가 상심해 있을 때, 세바스찬은 미아를 찾는 캐스팅 매니저의 전화를 받고 잠수를 탄 미아를 찾아 나선다. 이제 더 이상 실패하고 싶지 않다고, 오디션을 보지 않겠다고 징징거리는 미아에게 이번에는 세바스찬이 말한다. 넌 될 거라고, 기회가 왔다고, 이 기회를 놓쳐서는 안 된다고. 세바스찬은 다음 날 미아를 데리고 오디션장에 간다. 미아가 나온 영화는 대성공을 거둔다.

2.

인간은 참 이상한 존재다. 나보다 못한 인간이 진심 어린 충고를 하면 "네까짓 게 그런 충고를 할 주제가 돼?"라고 비야냥거린다. 이번 도쿄 출장 틈틈이 김욱동 교수가 쓴 《헤밍웨이를 위하여》

(이숲, 2012)라는 책을 읽었다. 그 책에 의하면, 헤밍웨이는 "작가에게 가장 좋은 예술적 자산은 불행한 유년 시절이다"라는 말을 한 적이 있었다.

아마 같은 말을 평범한 작가나 보통사람이 한다면 사람들은 공감보다는 욕을 더 많이 할 것이다. 그가 어떤 맥락에서 그런 말을 했는지, 그 말이 어떤 의미인지는 알아보지 않고, 어디서 돼먹지 않게 꼰대질이냐며 비아냥댈 것이다. 대놓고 비아냥거리지는 않더라도 진심 어린 충고를 받아들이지 않는 경우도 많다. 나보다 덜 성공한 사람도 나를 위해 좋은 충고를 할 수 있음에도 불구하고. 하지만 나보다 더 뛰어난 사람, 성공한 사람이 하는 충고에는 "너는 이미 성공할 만한 조건을 많이 갖고 있으니 그렇게 쉽게 얘기할 수 있지"라며 고깝게 반응하는 것도 인간이다. 좋은 의도로 충고를 했는데 이런 반응(너는 나보다 잘생겼으니, 부모를 잘 만났으니, 머리가 좋으니 등)을 보면 앞으로 충고를 할 생각이 사라질 것이다.

이런 태도는 어느 정도 인간의 본성이 아닐까. 그리고 인간의 본성을 넘어서는 것은 오히려 성공 그 자체보다 더 어렵지 않을까. 성공의 어떤 부분은 실력이라기보다 내가 속한 산업, 내가 살아낸 시기의 문제다. 성공이 자아를 파멸시키지 않으려면 이런 본성을 넘어서야 한다.

3.

〈라라랜드〉 후반부에서는 각자 꿈을 이룬 두 사람이 우연히 재회한다. 성공한 배우가 된 여자는 성실하지만 매력은 없는 남자와 결혼한 듯하고, 자신이 꿈꾸던 재즈 바를 갖게 된 남자는 자신감이 넘쳐 보이지만 어딘지 모르게 쓸쓸하다. 세바스찬의 열정은 다른 사람들을 분명히 매혹시켰기에 세바스찬은 그 시절이 그립다. 미아 또한 모든 것을 다 이룬 것 같지만 역시 그 결핍의 시절이 그립다. 다시 돌아가고 싶은 생각은 없지만 그 시절은 너무나 사랑스럽고 그리운 것이다.

처음 〈라라랜드〉를 봤을 때는 상상의 향연이 미아의 상상일지, 세바스찬의 상상일지 궁금했다. 비행기에서 다시 보니 누구의 상상인지는 그다지 중요하지 않아 보였다. 중요한 건 어떻게 열정을 되찾을 것인가고, 그 열정이 바로 우리가 우리 자신을 가장 사랑했던 시간을 의미한다는 것이다. 인간은 당연히 그런 열정을 가진 사람에게 매혹된다.

04.
13.

부자들은 펀드를 하지만 펀드해서 부자된 사람은 없다.

04.
24.

독일 국채 분트를 거의 한 달 가까이 들고 있으면서 손실을 꽤 봤는데 4일 동안 거의 되돌려났다. 솔직히 그 포지션 때문에 다른 포지션에 들어가지 못했으니 심리적 손실도 꽤 크다. 쿨하게 버틴 것처럼 보이지만 지난주 초에는 스트레스가 심했다. 작은 포지션으로 큰 손실을 보니 짜증이 났다. 재미있는 건 마지막 일주일 동안의 손실은 아주 미미한 수준이었는데도 심리적 스트레스는 매우 컸다는 것이다. '다 깔끔하게 정리하고 객관적으로 시장을 바라보면 어떨까?' 하는 유혹에 시달렸다. 그럼에도 정리를 하지 않은 이유는 단 한 가지다. 이런 유혹을 이미 여러 번 경험해 봤기 때문이다. 인간의 심리는 이성적으로 작동하지만은 않는다. 그리고 그런 심리에서 가격은 늘 고점을 찍는다. 그러니 포지션에 진입할 때는 인내심과 과감함을 잊어서는 안 된다.

04.
29.

자신보다 뛰어난 사람을 대하는 태도를 보면 그 사람의 스케일을 가늠할 수 있다. 누군가는 시기하지 않고 뛰어난 사람에게서 배우려는 마음을 갖는다.

실패에 반응하는 방식을 보면 미래를 가늠할 수 있다. 누군가는 다른 것에 책임을 돌리는 대신 자신의 한계를 넘어서려고 노력한다.

05.
21.

1.
핸드폰을 아이폰7으로 바꾼 후 좋은 건 음악을 듣는 게 전보다 더 즐거워졌다는 것이다. 어젯밤에는 요즘 애완하는 〈Richter plays Bach〉를 이어폰으로 다시 들었는데 피아노 소리가 너무나 아름다웠다. 부드럽고 명징하게 한 음 한 음 짚어가는데 마음의 상처가 한 땀 한 땀 치유됐다.

어렸을 때는 다양한 관심사 때문에 외롭다고 생각하기도 했다. 대학원에 다닐 때 15만 원짜리 베를린 필하모닉 공연을 예매해서 당시 만나던 후배와 보러 간 적이 있다. 음악을 좋아해서 함께 나눌 이야기가 많은 사람이라 생각했지만 그 뒤로 공연장에서 그 후배를 본 적은 없었다. 베를린 필하모닉 공연은 대학원 조교 장학금과 과외비와 돌아가신 삼촌이 틈틈이 주던 많은 용돈을 고려

해도, 27살 대학원생이 사기엔 너무 허세였다. 나이가 들면서 바흐를 더 좋아하게 됐지만 전처럼 예술을 좋아하지 않거나 나와 취향이 다른 사람들을 낮게 보는 마음은 거의 사라졌다. 바흐를 좋아하는 내 취향을 존중받기 위해서라도 다른 사람이 바흐를 싫어하는 취향을 존중해야 한다.

경제학을 공부하고 시장의 원리를 더 깊게 생각하면서 피해자가 분명한 범죄보다 피해자 없는 범죄에 더 정색하고 달려드는 인간 대부분은 무식하거나 위선자일 뿐이라고 생각하게 됐다. 한국 남자들이 '한남'이라고 조롱당하는 이유는 타인이 원하지 않는 걸 요구하기 때문일 것이다. 내가 설거지를 하기 싫으면 아내도 설거지가 하기 싫을 것이고, 내가 야근을 하기 싫다면 내 부하도 야근을 하기 싫을 것이다. 물론 설거지를 좋아하고 야근을 좋아하는 인간이 있을 수 있다. 여기서 '꼰대'가 탄생한다. 자신이 좋은 게 옳다 생각하며, 옳은 걸 강요하는 건 나쁜 게 아니란 생각에 설거지와 야근을 강요한다. 그렇게 좋은 건 당신 혼자 즐기면 된다.

2.
야구 선수 장훈 인터뷰를 읽었다. 나 역시 저녁이 있는 삶과 성공은 양립할 수 없다고 생각한다.

05.
24.

 김성근 감독이 한화 감독에서 물러났다. 책에도 그에 관해 쓸 정도로 그를 좋아하는 사람 입장에서 안타깝다. 그가 자신의 원칙을 사수해 얻은 결과라면 상관없지만, 이제 그에게 남은 기회는 너무 적을 것이다. 만약 그가 자신의 원칙을 어긴 결과라면 안타까울 것이다.
 '능력 있는 선수 중에 가장 컨디션이 좋은 선수를 쓰되 혹사시키지 않는다'는 원칙을 세웠다고 하자. 그 원칙이 옳은지 틀린지는 원칙을 사수해 승부를 겨뤄보기 전에는 절대 알 수 없다. 대부분의 인간은 자신의 원칙이 무엇인지 알지 못하고 죽는다.

05.
27.

1.

A 교수님이 전체 인구의 3퍼센트도 안 되는 강남 출신들이 서울대 입학 정원의 최소 20퍼센트를 차지하는 것은 일종의 사회적 죄악에 가깝다고 말했는데 깊게 생각해볼 문제 같다. 그는 국립대학을 통합하고 사립대학은 정부 지원을 끊어 기부금 입학을 허용시키면, 연대와 고대의 권위가 떨어지면서 명문대의 독식이 희석될 거라 보고 있었다. 나는 국립대학 통합에는 반대하지만 그의 문제의식에는 상당 부분 동의한다.

A 교수님은 특히 한국 지식인들의 그랑제꼴grandes écoles 찬양을 아주 시니컬하게 비판했다. 나도 유럽에서 가장 모순된 사회가 프랑스라고 생각한다. 마그나 카르타magna carta로 왕과 귀족이 합의하고 다시 권리장전으로 귀족과 시민이 합의한 영국과 달리 프

랑스는 권력의 양보가 없었고 결국 혁명을 통해 급진과 퇴행을 반복한 나라다. 프랑스의 입시제도는 우리가 나아가야 할 방향과 거리가 아주 멀다.

2.

요즘 대학생들은 강남과 비강남 출신이 물과 기름처럼 서로 어울리지 못한다고 한다. 특히 지방 출신들이 서울에서 살아남기 위해 얼마나 발버둥 치는지 서울 출신들은 알기 힘들다고. "자신이 사는 세상 외에는 관심도 없고 알지도 못하는 강남 출신 서울대 졸업생이 과연 대통령이 될 수 있을 것 같나요?"라고 A 교수님이 말했다. 아마 될 수도 있을 것이다. 그런 상황이 비극적일 뿐.

06.
06.

어제 서브웨이에서 오늘 강연 때 나눠줄 샌드위치를 주문했다. 심혈을 기울여 빵과 야채와 소스를 골랐다. 콜라도 주문했다. 음료는 모두 콜라로만 주문했는데, 오후 5시쯤 서브웨이에서 전화가 왔다.

"차가운 콜라가 모자라는데 스프라이트는 안 될까요?"
"어제 모두 콜라로 주문했고, 특별히 차갑게 해달라고 말씀드렸는데요."
"배달을 하려고 보니 콜라가 모자라서요."
"콜라를 준비하는 게 그렇게 어려운 일도 아니고, 설령 실수로 준비가 안 됐다면 편의점에서라도 콜라를 사실 수 있는 거 아닌가요?"

"저희가 편의점에서 파는 것보다 큰 원형 콜라를 제공하고 있어서요. 잘 알겠습니다."

이렇게 이야기가 끝났다면 좋았을 텐데 전화가 또 왔다.

"편의점에서 준비를 해보려고 했는데 펩시밖에 구할 수가 없네요. 펩시도 괜찮으신가요?"

"알겠습니다. 펩시로라도 갖다 주세요."

이렇게 받은 콜라는 코카콜라, 펩시, 그리고 여분으로 준비했다는 작은 사이즈의 콜라였다. 샌드위치와 콜라 80개를 미리 주문했는데, 이 주문을 아무 문제없이 실행하는 게 생각보다 어려웠다. 할인을 요구했던 것도 아니고, 180개나 280개를 주문한 것도 아닌데 왜 어려워야 하는지 모르겠지만 내 경험으로 봤을 때 이런 일은 생각보다 자주 발생한다. 그리고 이런 일을 문제없이 해내는 사람들이 성공하지 않을까 싶다.

* 이 글에 달렸던 댓글: 그 직원은 본인 편의만 생각했네요. 영화 〈파운더〉를 보니 주방에서 소고기 패티를 하나하나 신경 써서 굽던 청년은 나중에 맥도날드 회장까지 올라갔더라고요.

06.
11.

1.
토요일에는 책을 원없이 읽는다. 성희엽의 《조용한 혁명》(소명출판, 2016)을 읽다가 조금 지겨우면 윤영관의 《외교의 시대》(미지북스, 2015)와 라이언 홀리데이Ryan Holiday의 《에고라는 적》(흐름출판, 2017)을 읽었다. 길티 플레져 중 하나인 맥주도 원 없이 마신다……는 뻥이다. 먹고 싶은 대로 먹으면 하루에 1킬로그램씩 체중이 는다. 30대에는 다이어트에 대한 생각이 전혀 없었다. 원하는 대로 먹고 마셨고, 그만큼 운동했다. 인대와 꼬리뼈를 다쳐 운동을 6개월 정도 쉬었더니 많은 것이 변해 있었다. 무엇보다 나이가 들면 신진대사량이 떨어져서 어쩔 수 없다. 한 시간을 운동하면 맥주 한 캔 마실 자격을 준다.

오늘 두 아이와 밖에서 밥을 먹고 걸어왔다. 오는 길에 아이스크림을 먹었다. 왕복 30분 거리. 춥지도 덥지도 않았다. 저 멀리 석양이 보이는 아름다운 저녁이었다.

2.

중국 허난성에서 한 여자가 미처 횡단보도를 건너지 못하고 중앙선 근처에 서 있었다. 택시가 여자를 치고 가버린다. 횡단보도에 서 있던 10명 정도의 사람들이 신호를 기다리다 그 장면을 본다. 아무도 여자를 도와주지 않는다. 신고하는 사람도 없다. 초록불이 켜지고 사람들이 다 건너간다. 여자는 다시 SUV 차량에 2차 사고를 당한다. 이번에는 운전자인 여자가 내린다.

   중국은 정말 연구대상인 나라다. 2001년에 친구와 내가 미국에서 사고를 당했을 때는 거짓말하지 않고 지나가던 거의 모든 차의 운전자가 내려서 우리를 도와줬다. 그리고 바람처럼 구급차가 달려왔다. (그리고 무지막지한 요금을 청구했다.) 50년 전 한국은 중국보다 가난했지만 저렇지는 않았다. 저건 가난의 문제가 아니라 시스템의 문제다. 중국의 미래를 낙관하지 않는다.

06.
13.

<u>1.</u>
멋진 실패 스토리를 쓰고 싶은 사람은 실패하는 법이 없다.

<u>2.</u>
성공은 지성보다는 실행력의 문제다.

<u>3.</u>
어제 센텀시티에서 저녁을 먹고 자리를 옮겨 민락동에서 와인을 마셨다. 원래 가게가 쉬는 날이었는데 J셰프님이 서울에서 온 나를 위해 테라스를 열어줬다. 6월 부산의 밤과 붉은 와인이 참으로 근사했다.

　J셰프님은 솔직하고 담백한 사람이다. 4~5년 전, 삼성동 J셰프

님 가게에서 술을 마시고 있었는데 그가 내게 물었다.

"여자친구의 어떤 점이 굉장히 맘에 들지 않아서 얼마 전에 꽤 진지하게 이야기했는데 고쳐지지 않습니다. 오히려 더 나빠져요. 결혼을 하면 나아질까요?"

내가 대답했다.

"아니요. 분명히 말씀드릴 수 있어요. 결혼을 하면 분명히 더 나빠집니다. 지금은 결혼을 하기 전이라 가능한 한 누르고 인내하는 건데도 드러나는 거잖아요. 결혼을 하면 더 이상 누르고 인내할 필요가 없어지니, 지금 나쁜 건 결혼하면 더 나빠지죠. 관건은 그럼에도 불구하고 그 점을 감내할 것인가예요. 좋아질 거란 기대는 헛됩니다."

그는 여자친구와 헤어지고 뉴질랜드로 떠났다. 그리고 부산으로 와 그곳에서 만난 K님과 결혼했다. 그들 부부와 작년 가을에 만나 함께 와인을 마셨는데 결혼 사실은 어제야 알았다. 축하한다.

세상에는 분명히 필요한 질문을 하는 사람이 있다. 나도 가끔 그에게 그런 질문을 한다. 그는 좋은 사람이다.

06.
14.

사업을 하는 사람이 있다. 생활비를 갖다주는 건 별문제가 없다며 늘 큰소리를 친다. 그러다 평소 생활비의 절반밖에 갖다주지 않는다. 식구들은 짜증이 난다. 평소에 큰소리를 친 대가다. 반대로 '이번 달 생활비는 주기 어렵겠는데'라고 한다면, 식구들은 짜증이 나지만 걱정도 된다. 그가 유일한 가장이라면 위신이 서지 않는다고 생각할 수도 있다. 그러다 평소에 절반의 생활비를 가져다준다. 식구들은 다행이라고 생각한다.

'바빠서 못 갈 것 같다'고 이야기한 후 일을 빨리 마치고 애인에게 가는 것과 '최대한 빨리 하고 갈게'라고 이야기한 후 일을 감당하지 못해 늦게 가는 것. 전자는 애인을 기쁘게 할 것이고 후자는 애인을 짜증나게 할 것이다. 인간의 이해는 상대방의 자세한 사정까지 감안할 만큼 깊지 못하다. 그러니 지키지 못할 약속은 애초에 하지 않는 게 좋다.

생각해보면 무심코 하는 지키지 못할 약속이 꽤나 많다.

06.
19.

영화나 드라마에서 보면 친구에게 그것도 안 해주면서 무슨 친구냐고 하는 놈, 부모에게 그것도 안 해주면서 무슨 부모냐고 하는 놈들이 있다. 그놈들이 바로 나쁜 놈이다.

06.
22.

어제 시황을 읽은 L이 "드라마틱한 밤을 보내셨네요"라고 말했다. 가격은 드라마를 자주 쓴다. 가격은 감정을 가진다. 감정적이지는 않지만.

06.
23.

최선의 선택을 했음에도 불구하고 그 선택을 압도하는 파도를 운명이라 부를 수 있다. 하지만 최선의 선택을 해볼 의지조차 갖지 못한 이유를 사회의 책임으로 돌리는 사람이 소설로 감동을 주기는 애당초 글러먹었다. 싸움을 두려워하지 말라.

06.
25.

오늘 〈중앙선데이〉에 〈밀리언 달러 베이비〉를 언급한 글이 실렸다. 내게는 이 영화가 클린트 이스트우드 작품 중 최고다. 삶은 최선의 선택을 해도 비극으로 흐를 수 있다. 운명의 두려운 점이다. 하지만 그런 걸 걱정하느라 최선의 선택을 위한 집중과 노력을 훼손할 수는 없다. 근사한 실패담을 쓰는 것은 우연히 만들어지는 성공담을 기대하는 것보다 아름답다.

07.
09.

1.
다른 시기에 비해 절대적으로 중요한 인생의 골든타임이라는 게 있을까? 대학을 가기 직전, 취업하기 직전, 그리고 결혼하기 직전은 모두가 아는 골든타임이고, 35세를 전후로 한 5년도 열심히 일하면 평생 먹고살 기회가 생길 수도 있는 골든타임이 아닐까. '저 사람은 일을 두려워하지 않으며 무엇이든 알고 있다'는 회사와 업계의 인정을 받으면 어지간해서는 위상이 떨어지지 않는다. 트레이더라면 약세장과 강세장을 모두 겪고, 이코노미스트라면 경기 위축과 확장을 모두 경험하는 5년 정도가 바로 축적의 시간이다.

2.
세상의 어떤 직업은 아무리 열심히 일을 해도 월급을 더 주지 않는다. 원더우먼이 9급 공무원이 되어 주민등록초본을 남들보다 10배 빨리 떼어준다고 해도, 캡틴 아메리카가 소방수가 되어 남들보다 100배 더 불을 잘 끈다고 해도 그들이 기대할 수 있는 건 빠른 승진 정도다. 반대로 트레이더는 돈을 못 벌면 얼마 되지 않아 해고되고 돈을 많이 벌면 많은 보너스를 가져간다. 완전히 비례하지는 않겠지만 그래도 많은 보너스를 받는 건 틀림없다.

만약 그게 내 자산이라면 말할 것도 없다. 매년 100퍼센트 수익률을 올린다면 그건 온전히 내 몫이다. 자산이 별로 없는데 월급은 고정돼 있고, 성과와 연동되지 않는 직장에 다닌다면 예측 가능하지만 지루하고 답답한 삶일 가능성이 높다. 반대의 경우도 마찬가지다. 능력도, 열심히 할 생각도 없는 사람이 성과와 직접 연동되는 직업을 갖고 있다면 삶은 괴로울 것이다.

07.
15.

인간의 문제란 제대로 된 문제를 만들지 않기 때문에 생긴다. 이기려면 승부를 겨뤄야 할 것 아닌가.

07.
16.

꽤 많은 사람이 승과 패를 거두지 못하고 벤치에서 선수 경력을 끝낸다. 그보다 더 많은 사람은 벤치에 앉아보지도 못한 채 삶을 마무리한다.

07.
23.

1.
국방부 앞을 지날 때마다 전쟁기념관을 본다. 아이들이 어렸을 때는 가끔 갔는데, 별로 볼만한 건 없다. 한국전쟁은 기억해야 하는 전쟁이 분명한데 용산 한복판에 자리 잡은 것치곤 콘텐츠 자체가 부실하다. 용산 미군기지 공원화를 목전에 두고 만들어진 위원회를 보면 국가공원, 민족공원, 문화공원 등 다양한 가치를 주입하려는 시도를 할 것 같다.

용산공원은 숲과 물과 길뿐인 공원이었으면 좋겠다. 이번이 자신들의 이해관계와 철학을 관철할 좋은 기회라고 생각할 수 있겠지만 그런 교조적인 생각들은 좀 옆으로 치워버렸으면 좋겠다. 공원은 공원일 때가 가장 아름다운 법이다.

2.

브래드 스톤의 《아마존, 세상의 모든 것을 팝니다》(21세기북스, 2014)를 다 읽었다. 어떤 철학을 갖고 세상을 살아가야 하는지, 어떤 전략으로 기업을 경영해야 하는지, 어떤 원칙으로 승부에 임해야 하는지 등을 시간의 흐름에 따라 섬세하게 묘사한다. 올해 읽은 책 중 베스트5 안에 들어간다.

아마존이 소매유통업이 아닌 기술기업이라고 생각한 (처음엔 그저 주장에 불과했다) 제프 베조스 Jeff Bezos는 원칙과 믿음을 갖고 다양한 문제에 접근한다. 모든 문제는 물리적 현상의 결과이며 모든 문제에는 수학적 답이 있다는 믿음에서 해법을 모색한다는 원칙이었다. 베조스와 함께 일했던 직원들은 이런 싸움을 계속하면 결국은 승리할 거라고 믿었다. 베조스는 그렇게 아마존의 알고리즘을 만들고 업데이트했다. 아마존은 그래서 과학자와 엔지니어를 등용했고 그들에게 문제해결을 맡겼다.

간혹 세상의 모든 문제를 경제학적으로 해석하려는 것에 대해 비난을 받지만, 내가 고민하는 건 세상을 그런 식으로 보는 내가 아니라, 여러 다른 이유 때문에 충분히 합리적이고 이성적일 수 없는, 그래서 경제학적 원리에 충실하지 않은 나 자신이다. 나는 경제학 이외의 다른 원리와 원칙을 발견하지 못했고, 다른 걸 발견하기 전까지는 내 원리와 원칙으로 싸울 뿐이다. 만약 경제를 설명하고 예측하는 사람이 경제학보다 더 좋은 원리와 원칙을 발견했다면 축하해주고 격려하고 기회가 된다면 배우고 싶다. 기꺼이.

3.
"숫자는 거짓말을 하지 않아요."

브래드 스톤의 책에 계속 등장하는 표현이다. 숫자는 거짓말을 하지 않기 때문에 사람들은 숫자와 대면하는 걸 두려워한다.

4.
무라카미 하루키의 《기사단장 죽이기》(문학동네, 2017)를 읽기 시작했다. 1권의 3분의 1 정도를 읽었는데 지금까지만 보면 《1Q84》(문학동네, 2009)보다 낫다.

하루키 소설에는 전형적인 패턴이 있다. 주인공은 재능 있고 자의식이 강하지만 사회적 인지도는 떨어지는, 주변인에 가까운 사람이다. 사랑 역시 호락호락하지 않다. 외로운 주인공은 딱히 사랑하지 않는 여자들과의 섹스로 자신의 외로움을 달랜다. 사랑하지 않지만 섹스의 따스함은 좋았다는 식이다. 하지만 자신을 세상과 구분시키고 싶은 허세와 자신의 문화적 취향에 대한 자부심과 남다른 자의식은, 주인공의 낮은 사회적 지위와 세상의 천박함과 꾸준히 충돌한다.

주인공은 쾌락에 천착할 솔직함도, 사랑을 위해 모든 것을 바칠 패기도, 다른 사람들의 천박함에 반박할 자신도 없다. 당연히 더 고립되어 외톨이가 된다. 그러던 와중에 어떤 벼락 같은 존재가 등장한다. 주인공을 특별하게 만들어주는 사건이나 인물의 등장이다. 갑자기 삶이 특별해지고 존재는 강해진다. 그런 사건이 끝나면 어느새 주인공은 이전과 다른 인간이 되어 있다. 하지만 삶의 본질적인 고독과 외로움은 남아 있다. 당연한 일이다.

이런 패턴은 《노르웨이의 숲》부터 《1Q84》까지 고집스럽게 반복된다. 나를 비롯한 독자들은 그걸 인식하면서도 계속 하루키를 읽는다. 그의 스타일은 여전히 세련되었고, 그의 소설이 대상으로 하는 독자 대부분은 주인공처럼 욕망과 현실 사이에서 난처해하기 때문이다. 아마 이 소설 역시 그 패턴에서 크게 벗어나지 않을 것 같지만 그래도 하루키는 하루키다.

5.

오늘 부모님과 함께 점심을 먹었다. 아버지가 다른 사람에게 충고를 해줘봤자 아무 소용이 없다는 말씀을 하셨다. 80년을 살았지만 충고를 받아들일 만한 사람은 충고를 해줘야 하는 상황까지 잘 가지 않고, 충고가 필요한 사람은 정작 다른 사람의 충고를 받아들이지 않는다고. 내 경험에 의하면 충고를 받아들일 준비가 된 사람은 5명도 채 되지 않는다. 반대로 내가 충고를 구하는 사람도 5명 남짓이다.

08.
07.

1.
둘째는 첫째를 좋아한다. 형이 자기 물건을 써도 봐준다. 그런데 둘째가 첫째의 물건을 쓰려고 하면 첫째는 화를 낸다. 둘째가 "너도 썼잖아"라고 하면 첫째는 말한다. "네가 쓰라고 했잖아." 네가 싫다고 하면 나는 안 한다. 하지만 나는 네 맘대로 안 된다. 이건 사랑인가 권력인가.

2.
트위터에 쓰는 글은 지나치게 빨리 휘발되어 날아간다. 생각 과잉인 나에게 딱 적합하다. 페이스북처럼 시선을 의식할 필요도 없다. 인스타그램처럼 꺼내놓을 게 없어 무안할 필요도 없다.

08.
15.

지난주에 현대카드에서 한 강연이 끝난 후 두 분이 찾아왔다. 한 분은 유로달러 환율에 대해 물었고(롱으로 포지션을 갔다고 했다) 한 분은 회사를 그만두고 증권사로 옮긴다고 했다. 그들은 내게 어떻게 좋은 회사를 때려칠 생각을 했냐고 물었다.

회사를 그만둔 건 40대 초반이었다. 나는 평생 일하고 싶었는데 내가 있던 조직들에서는 평생은 고사하고 쉰이 넘어 일하는 사람도 센터장 한 분, 부행장 몇 분밖에는 없어 보였다. 내 회사를 만들지 않으면 (아주 최선의 경우) 약간의 자산가가 되어 소일거리를 찾는 신세가 될 게 틀림없었다. 그 길을 피하는 방법은 당연히 조직에서 내 것을 다 찾아먹은 다음이 아니다. 그때는 이미 늦다. 이런 단순한 논리였다. 그래서 블로그도 만들었고 벨로서티도 만들었는데, 두 회사를 다 만들지 않았다면 삶의 균형이 깨졌을 것이다. 투자 회사만 있다면 존재감이 없어 고독했을 것이고, 리서치 회사만 있다면 독자에게 의존하는 느낌이었을 거다. 아직은 나쁘지는 않은 정도라 갈 길이 멀다.

굳이 이런 이야기를 하는 이유는 세상 어딘가에는 내 미래의 모습이 존재하고 있어서다. 그 모습이 마음에 들지 안 들지는 본인이 판단하는 것이다. 판단을 내렸다면 받아들이든가 박차고 나가는 일뿐이다.

08.
19.

1.
자신에 대해 어떤 거짓말도 하지 않고 살 수 있는 사람이 된다면, 인간으로서의 자존심은 충분히 세운 것이다.

2.
이직이 정해졌는데 주저앉는 것을 본 적이 있다. 회사에서 가지 말라고 적극적으로 잡기도 했지만 그게 결정적인 이유는 아니었다. 그를 데려가려는 회사에서 현재 연봉을 물었고 그보다 더 높은 연봉을 제안했는데, 그가 현재 연봉을 사실보다 높게 말한 게 문제였다. 입사를 하면 이전 직장의 원천징수 상황이 보고되는 걸 몰랐던 것 같다. 그래도 이 경우는 다행이다. 옮기기 전에 깨닫고 이직을 하지 않아서다. 이직을 한 뒤 사실이 밝혀지면 해고사유가 된다.

인간은 살면서 생각보다 이런 일을 많이 겪는다. 지나가는 아줌마의 외모를 갖고 농담을 하던 아이들에게 그 아줌마가 내 엄마라는 말을 하지 못하는 드라마 같은 이야기까지는 아니더라도 자신의 부모, 학력, 경력, 처지 등을 알게 모르게 거짓으로 말하는 사람이 꽤 많다는 걸 나이가 들면서 알게 됐다. 그런 거짓말이 처세에 도움이 되고 또 어떤 면에서는 자신의 능력이라고 생각할지도 모른다. 하지만 시간이 지나면 죄다 들통이 난다. 정말 모조리 알게 된다고 보는 것이 온당하다. 알지만 다들 말을 하지 않을 뿐이다.

나는 거짓말을 하느니 입을 다무는 게 낫다고 생각한다. 긍정할 수 없는 조건이라면 철저하게 내면화하는 것이 좋다. 없는 부모를 만들어내고, 없는 학력을 있다고 하고, 받아본 적 없는 보너스를 받았다고 믿게 만들 수는 있다. 하지만 삶은 그렇게 바뀌지 않는다.

3.

정의란 무엇인가. 정의는 누가 행하는가에 달려 있지 않다. 이념에 달린 것도 아니다. 정의란 윤리적 옳음과 같지 않지만 완전히 다르지도 않다. 정의는 인과응보를 유발하지 못한다. 정의는 때때로 실체가 없고 대부분 독점될 수 없으며 너무나 입체적이다.

08.
20.

1.
트레이더와 투자자는 결국 자신의 포지션과 자산으로 평가받을 수밖에 없다. 강박관념은 어쩔 수 없다.

2.
한 주식 투자자가 5천만 원으로 400억을 벌었다는 청년에게, 계좌를 까서 그게 사실이면 자신이 1억을 기부한다고 해 결국 정체를 밝힌 일이 있었다. 청년은 400억을 번 사실이 없다고 했다.
 선물 트레이딩으로 많은 돈을 번 분과 2년 넘게 일한 적이 있다. 그분의 제안으로 과감하게 씨티은행을 떠났다. 그분 회사에서 일하게 된 첫날, 계좌를 열었더니 2천 억이 조금 안 되는 돈이 있었다. 아마 금융시장에서 다섯 손가락 안에 들어가는 경우일 거다.

그 회사에서 일하며 많은 걸 깨달았다. (막냇삼촌이 대장암으로 돌아가신 때이기도 했다.) 첫째, 목숨 걸 정도의 각오가 아니면 놀랄 정도의 돈을 벌기는 어렵다. 둘째, 그렇게 돈을 번다 해도 삶과 생활은 바뀌지 않는다. 그렇게 많은 돈으로 삶과 생활이 바뀌는 건 망하는 길이다. 셋째, 인간의 삶은 유한하다. 그 유한함을 채우는 건 사람이지 돈이 아니다.

08.
22.

1.
예전 블로그에 쓴 글을 몇 개 읽어봤다. 주가가 어디까지 올라갈지 고민하는 글을 읽고 있으니 마음이 서늘하다. 미래를 전망하는 일은 늘 서늘하다.

2.
트레이딩을 하다 보면 어쩔 수 없이 가격의 단기적인 움직임에 마음이 요동친다. 투자는 긴 호흡으로 한다지만 원금에 손실이 가면 두려운 건 인지상정이다. 좋은 가격에 진입해서 끊임없이 정보를 업데이트해야 마음의 평정을 유지할 수 있다.

3.

예전 블로그에 이런 말을 써놨다.

사람들은 일에 대한 스트레스로 일찍 죽는 게 아니라 자신의 스트레스가 아무런 보람이 없다는 사실 때문에 좌절해 죽는다.

늦게 자는 것은 막을 수 있지만 일찍 일어나는 것은 막을 수 없다.

쾌락은 금지할 수 있지만 열정은 막을 수 없다.

08.
24.

한 브로커가 시장 분위기가 너무 조용해서 절간 같다고 했다. 나는 환율시장도 그렇다고 했다. 요즘 금융시장에 있는 사람들이 괴로워한다. 특히 전성기를 넘긴 브로커들은 대부분 그렇다. 브로커는 조직을 떠나 할 수 있는 게 굉장히 제한적이다. 얘기해주면 놀라는 사람이 많던데 우리나라의 평균 수명은 이미 82세가 넘었다. 둘 다 문제다.

오늘 아침에 머리를 자르고 왔다. 2003년부터 온 식구가 다녔는데 최근 석 달 정도 발길을 끊었다 오랜만에 간 곳이다. 미용사 Y는 격월로 아일랜드에 일을 하러 간다. 본인은 갈 때마다 3천만 원씩 버니 좋겠지만, 손님은 미용사가 한국에 있는 날짜에 맞춰 가야 한다. 예약이 안 되니 짜증도 나고 해서 한동안 가지 않았다. 오랜만에 갔더니 Y의 머리 자르는 기술이 훨씬 늘었다. 몇 달

전부터 영국에서 큰돈을 주고 미용기술을 배우고 있다고 했지만 시큰둥했는데 많이 익숙해진 것 같다. 못 보던 기계와 장비가 엄청 많이 보였다. 길이가 제각기 다른 클리퍼(바리깡) 6개를 이용해 거의 삭발 수준부터 꽤 긴 길이까지 못 보던 방식으로 머리를 깎는다. 그렇게 자르면 몇 주가 지나도 자라는 머리가 일정해 부시시해지지 않는다고 했다.

오늘은 꽤 놀라운 소식도 있었다. 다음 주에 광저우에 자신의 바버샵을 연다고 했다. 아일랜드에서 만난 광저우 부자가 5억을 내고, 자신이 1.5억을 내고, 원장이 나머지 금액을 내기로 했다고 한다. 커트를 15만 원 받을 거라고 하길래 너무 비싸지 않냐 물었더니 부자가 많아서 괜찮을 거라고 했다. 또 너무 해보고 싶은 일이라 여기에 정말 많은 것을 걸었기에 힘들어도 만족한다고 했다. 아일랜드에서 부를 정도로 이미 꽤 경지에 올랐는데 미용실 대신 바버샵에 꽂혔냐고 했더니 자신은 70세가 넘어도 일을 하고 싶은데 미용사는 그럴 수 없다고 했다. 영국의 전설적인 70세 이발사는 지금도 호날두 같은 셀럽들의 머리를 자른다고. 순간 70세가 넘어도 일하고 싶다는 생각을 하고 살았던 내 30대 후반의 모습이 겹쳐 보였다.

그에게 갑자기 유행이 지나 바버샵이 힘들어지면 어쩌냐고 했더니 "그럴 리 없어요. 부자들은 자신을 차별화시키고 싶어 해요"라고 했다. 30대 중반에는 그와 가끔 술도 마셔서 그가 힘든 시절을 보낸 것도, 울컥하는 기질이 있어 사고를 친 것도 안다. 그래도 꼭 해보고 싶은 것이 있고, 결과와 상관없이 그걸 해보는 인생은 근사하다는 생각이 들었다. 인간의 삶이란 내 앞에 놓인 문제의 수준으로 결정되는 것이다. 파이팅.

08.
30.

영화 〈덩케르크〉를 아이맥스로 봤는데 멋있었다. 누군가의 일주일, 누군가의 하루, 누군가의 한 시간을 그렇게 교차편집해 드라마로 만드는 건 스토리텔링에 대한 재능과 탁월한 공간지각력이 없으면 안 될 것 같다.

  영화에 다양한 종류의 선택이 나오는데 대부분 냉철하고 이성적이다. 〈덩케르크〉만 보면 전쟁은 광기가 아니라 이성의 산물 같다. 2차 세계대전의 어떤 국면은 이 전쟁과 상당히 닮아 있지 않을까 싶다. 영국인의 냉정한 성질이 영화에서 잘 드러난다. 좋은 선택이란 대개 냉정하다.

09.
03.

어제 저녁을 먹으러 가면서 큰아이와 이번 주에 읽은 이런저런 책들에 대해 얘기했다. 집에 돌아와 곰곰이 생각해보니 이 아이가 과연 나와의 대화에서 무엇을 얻었을지 전혀 상상이 가지 않는다. 아마 한 귀로 듣고 한 귀로 흘렸을 것이다. 지금 읽고 있는 《힐빌리의 노래》(흐름출판, 2017)를 봐도 저자에게 가장 큰 영향을 미친 건 외할아버지와 외할머니였다. 나도 부모의 영향은 극히 적었던 것 같다. 원래 부모란 그런 존재에 불과한 게 아닌가 싶다.

09.
14.

늦게 자는 건 욕망이지만 일찍 일어나는 건 열정인 경우가 많다. 밤이 좋은 사람들의 마음을 이해한다. 그냥 자기엔 하고 싶은 일과 달콤한 게 너무 많은 것이다. 하지만 생활의 평정을 유지하며 삶을 앞으로 끌고 가는 방법은 일찍 일어나는 것이다.

09.
15.

"돈으로 행복을 살 수 없다면 돈이 부족한 건 아닌지 생각해볼 필요가 있다"는 말을 했더니 모였던 이들이 좋아했다.

09.
17.

<u>1</u>.
김형석 선생은 《영원과 사랑의 대화》(2007)에서 진리의 가치는 불변성이 아니라 근원성에 있다고 했다. 모든 위대한 삶의 원칙이 그와 같을 것이다.

<u>2</u>.
내게 근원적 가치의 핵심은 자유다. 인간의 평등은 자유롭기 위해 필요한 것이다. 평등하기 위해 자유가 필요한 게 아니다. 내가 생각하는 진보적 가치의 핵심 역시 자유다.

09.
24.

인간은 수없이 많은 선택의 경로를 만난다. 좋은 선택을 하려고 애쓰지만 때로는 무엇이 좋은 선택인지 모르기도 한다. 선택의 기준과 원칙이 없어서다. 종교는 좋은 기준이 될 수 있지만 때로 그것만으로는 모호하고 어렵다. 경제학은 전략적 선택에 좋은 기준이 되지만 합리적인 의사결정이 모든 가치를 설명할 수 있는 건 아니다. 나는 인간 행동 역시 가치에 수렴한다고 본다. 내게 가치의 의미는 자유지만, 이 또한 사람마다 다를 것이다. 나는 자유롭기 위해 경제적 곤궁함에 처하고 싶지 않고, 또 더 많은 자유를 얻기 위해 경제적 성공을 추구하지만(그렇지 않았다면 집중투자에 덜 매달렸을지도 모른다), 자유롭지 않은 사람 중에는 이미 충분한 경제적 성공을 얻은 사람도 많다. 결국 의식하고 충족했는지, 그리고 자유로운지 여부는 자기 자신이 제일 잘 알 것이다.

10.
04.

추석. 모두 같은 달을 보지만 서로 다른 꿈을 꾼다.
인생의 묘미.

10.
08.

아침에 이른 식사를 하는데 탄탄면을 먹던 둘째가 국물을 덜다 손을 데었다. 그러다 뒤에 있던 첫째를 쳐서 첫째가 오렌지 주스를 엎었다. 나는 울고 있는 둘째에게 얼음 찜질을 해주고 달래줬다. 둘째가 조금 진정되고 난 후, 막 울음을 그친 아이에게 "잘못은 없지만 책임은 네 몫인 일이야"라고 했다. "무슨 뜻인지 알겠어?"라고 했더니 "잘못은 없지만 책임은 제 몫이라고요"라고 말했다. 그때는 속으로 웃음이 나왔는데, 생각해보니 너무 무거운 얘기를 했다 싶다.

10.
10.

<u>1.</u>
긴 연휴가 지났다. 그동안 지인들과 식사를 하거나 커피를 마셨고, 부모 형제와 처음으로 여행을 다녀왔다. 책 한 권을 읽었고, 영화 한 편을 봤다. 어영부영하는 시간이 많아 정작 하고 싶은 일을 할 수 없는 건, 아이를 가진 부모의 어쩔 수 없는 상황일지도 모르겠다.

<u>2.</u>
인생은 고통. 인생은 기다림. 기다림은 고통.

10.
14.

1.
영화(〈블레이드 러너〉) 한 편 보고 왔더니 토요일 오후가 증발해버렸다. 뭔가 허무하다. 이제 소설은 물론이고 영화와도 멀어질 나이인가.

2.
모 외국계 은행에서 일하는 후배의 이모는 의사였다. 후배의 할머니가 뇌종양 판정을 받자 의사인 막내딸 이모를 제외한 4남매가 모두 수술에 반대했다. 4남매는 '어차피 오래 못 사실 나이'라고 주장했다. 후배의 할머니는 수술 중 사망했다. 4남매는 모두 이모를 비난했고, 이모는 이민을 갔다고 한다. 한심하기도, 안타깝기도 했다. 가족이든 팀이든 이런 식의 반응은 팀워크를 깨뜨린다. 무엇보다 한 인간에게 가늠하기 어려운 상처를 준다. 나는 사람을 대할 때 그런 생각을 한다. 그는 그런 순간에 '이모'를 비난할 사람인가 아닌가. 그런 사람이라 생각되면 마음을 열지 않는다.

3.
《나는 나를 어떻게 할 것인가》에 영화 〈그래비티〉에 대해 썼었다. 〈그래비티〉를 보면, 매트(조지 클루니)와 스톤(산드라 블록)이 우주에 표류하게 되는 상황이 나온다. 둘 다 살아날 방법은 없다. 매트는 자신과 스톤을 이어주는 줄을 냉정하게 잘라버린다. 스톤이 제발 그러지 말라고 해도 망설이지 않는다. 스톤은 어쩌면 밧줄이 버텨줄지도 모른다 생각하지만 매트의 생각은 다르다. 냉정하게 보면 그럴 가능성은 전혀 없다.

영화 〈남한산성〉에서는 강화도에 가지 못하고 남한산성으로 피해 고립된 조선의 임금과 신하들과 백성들이 나온다. 훨씬 강력하고 수적으로 우세한 청나라 군사들이 그들을 둘러싸고 있지만 음식은 한 달 치뿐이다. 그러면 두 가지 방법밖에 없다. 격렬하게 싸우거나 항복하는 것이다. (물론 고립되어 죽는 방법이 있긴 하겠다.) 그런데 왕과 대다수 신하는 요행에 기댈 뿐 아무런 전략적 대응을 하지 않는다. 항복은 쪽팔려서 싫고 전투는 무서워서 싫다. 결과는 뻔하지만 한 달 뒤를 내다보지 않는 것이다. 그들은 한 달도 채 안 되어 굶어 죽는 말을 위해 병사들의 가마니를 뺏고, 결국 굶어 죽은 말을 삶아 먹는다. 거지꼴이 된 왕은 이마에 피를 흘려가며 절을 한 후 굴욕적인 항복을 한다. 그런 결과를 책임질 사람은 최명길(이병헌)이 아니라 김상헌(김윤석)이다. 김상헌은 그 오판만으로도 죽어 마땅한 인물이다.

10.
15.

1.

네팔로 출장을 다녀온 지인이 있다. 그는 현지에서 영어로 의사소통이 가능한 운전기사 일당으로 40달러 정도를 지불했는데, 나중에 운전기사에게 물어보니 그는 일당이 3달러라고 했다고 한다. 당연히 그 운전기사는 멘붕이 됐다고.

또 다른 이야기도 있다. 카트만두 호텔에 상주하는 기사를 당일치기 계약으로 이용했는데 50불 부르는 걸 35불로 협상을 했다고 했다. 이 운전기사는 아마 호텔에 상주하는 대가로 일정 비용을 지불하고 있을 것이다.

몇 년 전부터 골프를 치러 가면 대리운전 기사를 데리고 오던 지인이 있었는데 그가 자주 함께 오던 기사는 싹싹하고 운전도 꽤 부드럽게 잘했다. 지인이 운전기사를 찾길래 소개를 해주려

했더니 그는 웃으며 곧 회사를 만들 거라고 했다. 얼마 후 그는 법인 전문 대리운전 회사를 창업해 앱도 만들었다. 일반 대리운전 서비스도 신청할 수 있게 만들어서 나도 지방에 갈 때 가끔씩 그 앱을 이용한다.

대리운전 사업에 도전하는 인생과 대리운전 기사로 만족하는 인생은 과연 무엇이 다른가.

2.
직접 대리운전 사업을 한다는 건 수많은 문제와 매일 당면해야 한다는 걸 의미한다. 대리운전 기사 역시 매일 많은 문제와 마주치겠지만 그 문제를 해결한다고 일당이나 전체 수입이 올라가는 건 아니다. 결국 문제의 본질은 문제의 수준일 것이다.

10.
18.

1.
윤도현이 부른 〈가을 우체국 앞에서〉를 들을 때면 한 여자 후배가 밥을 사주러 온다고 해서, 우체국 앞 계단에 앉아 멍하니 베고니아 화분을 바라보던 게 생각난다. 진짜 가을 우체국 앞에서였지만 그대를 기다린 건 아니었다.

2.
오늘 모 증권사의 리서치 헤드인 선배를 만나 점심을 먹었다. 선배는 한 신입사원의 어머니가 사장을 찾아온 일에 대해 얘기했다. 회사에 잘 적응하지 못하던 직원이었는데, 인품이 좋기로 유명한 사장님은 찾아온 직원의 어머니와 긴 시간 동안 이야기를 나눴다. 이후 그 직원은 홍콩 지사로 발령이 났다. 이것만 해도 놀라운 일이지만 더 놀랍고 안타까운 일이 생겼다. 그 직원이 홍콩에서 자살을 한 것이다. 직원의 어머니는 조문을 온 사장님에게 "왜 우리 아이를 채용해서 죽게 만들었냐"는 말을 했다. 이후 사장님은 임원들에게 "서로 살아온 배경과 내용이 다르니 모든 직원이 자신과 같을 거라 생각하지 말고 배려해서 대하라"는 당부를 했다고 한다.

바를 경영하는 후배도 바텐더 면접에서 한 청년을 떨어뜨렸더니 청년 엄마에게 왜 우리 아들을 떨어뜨렸냐는 전화를 받은 적이 있다고 한다. 엄마들의 이런 열정이 요즘 아주 드문 일은 아닌 듯하다.

얼마 전 큰아이 담임선생님에게 전화가 왔다. 아이가 머리를 다쳐 양호실에 있으니 병원에 데려가 보는 게 좋을 것 같다는 내용이었다. 크게 다치지 않았다고 하면서 병원에 데려가 보라고 하는 게 뭔가 이상했다. 귀찮긴 했지만 선생님이 일부러 전화를 했으니 가지 않을 수 없었다.

양호실에서 아이와 담임선생님을 만나 자초지종을 들었다. 체육시간에 피구를 하는데 아이들 대여섯 명이 피구 못하는 아이를 놀렸다고 한다. 결국 그 아이가 선생님에게 말해 선생님이 아이들에게 그만 놀리라고 했는데 큰아이는 피구를 못하면서 공을 놓지 않는 그 아이가 짜증나서 계속 놀린 모양이다. 발끈한 그 아이가 큰아이의 목을 졸라 넘어뜨렸고 그 과정에서 운동장에 머리를 쓸리는 바람에 두피가 까져 피가 난 거였다.

이리저리 아무리 곰곰이 생각해봐도 이런 아이를 데리고 CT 촬영을 하러 응급실에 가는 건 민폐였다. 동네 정형외과에 가는 건 바보짓이고, 종합병원 신경외과는 예약하는 데만 보름이 걸린다. 그런 생각을 하고 있는 나에게 선생님은 "학교가 보험에 가입했기 때문에 CT 촬영 비용은 모두 학교가 부담합니다"라고 말했다. 학교는 책임을 지기 싫은 것이다. 나는 아이를 데리고 자주 가는 소아과에서 치료를 받게 했다. 그리고 24시간 이내에 문제가 생기면 응급실에 가기로 하고 (내가 꼭 필요한 말을 소아과 선생님이 해주셨다) 다시 학교에 데려다줬다.

며칠 뒤 가족 모임에서 이 말을 들은 몇몇이 가만히 있으면 안 된다고 펄쩍 뛰었다. 그대로 두면 폭력이 일상화될 수 있다고 했다. 나는 "가만히 안 있으면 어떻게 하나요?"라고 물었다. 따끔하게 야단을 쳐서 다시는 이런 일이 없도록 하고, 혹시 비슷한 일이 생기면 엄청난 배상을 받아낼 거라는 으름장이라도 놓아야 한다는 것이다.

나는 내 아이를 포함해 누구라도 잘못할 수 있는 형태의 잘못으로 다른 아이를 비난할 수 없다. 그리고 반 친구들 사이에 생긴 문제는 아이 스스로 해결해야 할 문제일 뿐, 그 누구도 대신 해결해줄 수 없다고 생각한다. 만약 싸워야 한다면 싸워야 하는 것이고, 비굴하게 기어야 한다면 기어야 하는 것이고, 화해해야 한다면 화해해야 하는 것이다. 모든 결정은 혼자 책임져야 한다. 이런 걸 학교에서 배우지 못한 아이는 사회에 나와서도 배울 수 없다.

강한 아이라면 가만히 있겠지만 우리 아이는 강하거나 드센 아이가 아니기 때문에 내(부모)가 나서야 한다는 생각에도 동의하지 않는다. 강하지 않은 아이라고 언제까지나 돌봐줄 수는 없다. 강하지 않다면 강하게 키워야 할 것 아닌가. 그건 아이가 조폭이나 일진이 되는 것과는 다른 문제다. 아이는 반 친구와 문제가 있었고, 스스로 충분히 해결할 수 있는 문제였다.

나는 중학교 3학년 때 키가 158센티미터밖에 되지 않아 작은 편이었지만 성질은 있었다. 그래서 가끔 맞았다. 내가 눈탱이가 밤탱이가 되어 돌아오면 어머니는 달걀을 건네주고 나는 그 달걀로 시퍼래진 눈을 문질렀다. 가끔 싸움의 달인인 외삼촌(그때 대학생이었다)이 날 때린 아이를 찾아가 무서운 목소리로 "한번만 더 내 조카를 건드리면 목을 부러뜨리겠어"라고 말하는 상상을 했지만 그런 일은 일어나지 않았다.

그래서 나는 공부도 했지만 노는 애들과도 친하게 지냈다. 특히 전교에서 싸움으로 1등인 A와 꽤 친하게 지냈다. 성당 친구였던 A는 싸움을 하면 〈와호장룡〉의 이모백(주윤발)처럼 날아다니던 친구였다. 우리와 운동장을 공유하던 선린상고 형들도 A를 만나면 두들겨 맞았다. 내가 아슬아슬한 상황에 놓일 때마다 A는 말 한마디로 상황을 정리해줬다. 국력신장과 외교능력의 중요성을 동시에 깨달은 게 바로 중3 때였던 셈이다. 그때 깨달은 것들은 아직도 내 뼈 속에 새겨져 있다.

아이에게 배움과 발전의 기회를 빼앗아서는 안 된다. 수학 문제 하나 더 풀고, 영어 단어 하나 더 외우게 하는 게 뭐 그리 중요한가.

10.
22.

1.
기계공장을 하시던 외할아버지는 밤이 되면 (집과 공장이 함께 있던 집) 대문을 잠그고 독일산 셰퍼드를 풀어놓았다. 나는 나만 보면 짖는 개가 무서워서 나갈 수가 없었다. 그놈은 할아버지와 큰삼촌 딱 두 사람 말만 들어서 사람들 대부분이 싫어했다. 한번은 어떤 취객이 공장 대문 앞에서 잠이 들었는데, 개가 3미터 문을 뛰어올라 취객 코앞에서 으르렁거렸고 그는 기절했다. 경찰이 신고를 받고 달려왔고 할아버지는 개를 팔아버렸다. 충성심이 낳은 비극이랄까.

나는 어렸을 때부터 개가 무섭고 싫어서 개가 있는 친구 집에 가면 비명을 지르곤 했다. 형과 동생이 모두 개에게 물린 적이 있어서 다음은 내 차례라는 공포가 늘 마음 속에 있었다. 나이도 들고 그때보다 키도 컸지만 그 공포는 여전하다. 막내인 동생(그래봤자 쌍둥이인데)은 늘 개와 고양이, 하다 못해 병아리라도 키우고 싶어 했지만 나와 어머니의 반대로 키우지 못했다.

미국 유학을 갔을 때, 호감 있는 여자가 책상 앞에 개 사진을 붙이고 다녔다. 나는 월마트에서 《도그Dog》라는 책을 사서 공부를 했는데 (뭐든 공부한다) 개 품종에 따라 습성과 야성의 편차가 매우 컸다. 야성이 강한 개는 그 공격성을 다스리는 게 매우 어렵다. 그래서 개가 (주인이 아닌) 사람을 무는 일은 생각보다 자주 일어난다. 개도 품성이 온순한 놈들끼리 교배해서 순화시킨 동물이기 때문이다. 하지만 무심한 주인은 개만큼 위험한 존재다.

2.

세상에 쉬운 일은 없지만 부자가 되는 것은 특히 쉽지 않다. 부자가 아니었는데 우연히 부자가 된 사람은 단 한 명도 못 봤다.

3.

한국 검사는 무리한 기소를 하다 최종 판결에서 무죄로 결정돼도 승진에 거의 영향을 받지 않는다. 검사는 반성도 하지 않고 오히려 판사가 잘못했다고 우긴다. 따라서 승소율을 높이기보다는 정치권의 줄 대기에 집중한다. 무리한 기소로 피해를 보는 건 시민뿐이다. 검사의 기소에 쫄지 않을 시민은 없다. 유력 정치인이라고 해도 마찬가지다. 잘못된 인센티브 구조를 갖고 있지만 고치려는 사람은 없다. 개혁의 칼자루를 가진 사람 입장에서는 검찰이 필요하니까.

4.

오랜만에 만난 브로커 후배가 요즘 골프에 빠져 있다고 해서 "주말 골프는 비싸던데 그렇게 쓰면 노후 준비는 어떻게 하려고?"라고 했더니 "이제 결혼은 틀린 것 같고 혼자 쓰면서 살다 늙고, 돈 없으면 그냥 죽으려고요"라고 웃으며 답했다. 괜한 걸 물어봤구나 하는 자책과 함께 정말 걱정스러운 우려가 함께 밀려들었다. 돈 없는 노인은 생각보다 많고, 그들은 정말 죽을 만큼 괴롭다.

10.
23.

　요즘 아이들이 자전거에 미쳐 있다. 하루 종일 자전거 이야기만 한다. 시간이 나면 인터넷에서 자전거를 찾아보며 둘이 토론도 한다. 결국 자신들이 모은 돈으로 로드, 하이브리드, 픽시 세 대의 자전거를 샀다. 심지어 이 과정에서 내 15년 된 10만 원짜리 삼천리 자전거를 기어가 없는 픽시로 만들겠다며 분해까지 했다.
　지난번 도쿄 출장을 갔을 때, 자전거 전문점에서 헬멧을 사다 줬다. 주말에 초등학교 5학년인 둘째가 처음으로 먼 거리까지 자전거를 타고 친구들과 용산 이마트에 들렀는데 그 헬멧을 놓고 왔다. 마트를 나왔는데 밖이 깜깜해져 있자 아이들은 당황해 헬멧을 찾으러 간 둘째를 놓고 가버렸다. 미안함과 걱정이 뒤범벅된 얼떨떨한 얼굴로 집에 온 둘째를 데리고 이마트에 갔다. 전혀 기대하지 않았는데 자전거 매장 바닥에 헬멧이 떨어져 있었다.

사실 찾으러 갔다기보다 물건을 잘 다루는 교훈을 얻길 바라며 간 건데 결과가 좋았다. 운이 좋았던 건지, 이제 한국도 길바닥에 떨어진 남의 물건 따위에는 신경 쓰지 않는 나라가 된 건지는 모르겠다. 후자였으면 좋겠다.

10.
24.

<u>1</u>.
친구나 연인 사이라면 빈부 격차와 젠더 불평등 같은 거대 담론에 대해 장황한 주장을 하는 것보다 일상에서 흔히 마주하는 차별과 불평등에 단호하고 균형 잡힌 태도를 보여주는 사람이 훨씬 더 지내기 편안하다. 부자 친구가 가난한 친구에게 빈부 격차에 대한 죄의식을 느낄 필요는 없다. 가난한 친구가 빈부 격차의 책임을 지워 부자 친구를 비난하는 것도 옳지 않다. 경제구조에 대한 문제의식을 갖는 것도 좋지만, 현실에서는 가난한 친구에 대한 예의를 지키는 기본이 더 중요하다. 여성들이 바라는 것도 엄청난 페미니즘 이론을 이해하는 남성은 아닐 것이다. 직장과 가정에 만연한 젠더 불평등에 대해 단호하게 그건 아니라고 말하는 남성이 훨씬 더 절실할 것이다.

2.

얼마 전 한 국책은행 본부장님과 가벼운 설전을 벌였다. 한국 기업들의 문제점을 지적하던 그분이 다음과 같은 말을 했기 때문이다.

본부장 현대자동차 같은 회사가 삼성동에 땅이나 투자하면 곤란합니다.
나 앞으로는 삼성동 부지 같은 땅을 절대 그 가격으로 살 수 없을 건데요.
본부장 땅값이 오르면 현대자동차에게는 이익이 되겠지만.
나 현대자동차 입장에서 일차적으로 추구해야 하는 건 기업의 이익입니다. 공공의 이익을 훼손하지 않는 한 그 노력을 비난할 수는 없어요. 공공의 이익은 본부장님 같은 분들이나 정치인들이 열심히 추구해야죠.

10.
25.

1.
 '이제 블로그를 못 보게 됐으니 문자를 그만 보내도 된다'는 문자를 받았다. 수고스럽게 문자를 보내준 것으로 보아 블로그가 싫은 건 아니지만 비용이 부담되는 분인 것 같아 마음이 조금 불편했다. 20대 학생이나 막 직장에 다닌 사람들에게는 부담이 될 구독료지만, 그들을 대상으로 하는 게 아니다 보니 어쩔 수 없는 부분이다. 가격을 내린다고 고객이 두 배가 될 것 같지도 않다.
 무엇보다 내 블로그는 까칠하고 정확한 의견을 정확한 타이밍에 제공해 '실질적'인 도움을 주는 게 목적이다. 가끔 블로그 덕에 집을 샀다거나, 주식으로 돈을 벌었다며 고맙다는 인사를 받을 때가 있는데 솔직히 말하면 그런 결정을 한 건 그분들 본인이다. 모든 게 그들의 역량이라고 생각한다. 나는 그저 내 의견을 준 것

뿐이다. 하지만 이 블로그 덕에 금융시장 안팎으로 이직 면접을 부드럽게 통과했다는 말을 들으면 기쁘긴 하다.

2.

내가 틀렸다는 것이 가격으로 입증되기 전까지는 공포에 사로잡힐 필요가 없다. 틀렸다면 배울 수 있고 그러면 다음 단계의 발전과 도전이 기다리기 때문이다. 그러니 틀렸다고 죽어서는 안 된다. 다음 시도를 해야 하기 때문이다. 집중투자를 하지만 죽어서는 안 된다. 레버리지를 쓸 때는 늘 조심하고 주의해야 한다.

10.
28.

《시모어 번스타인의 말》(마음산책, 2017)에서 시모어 번스타인 Seymour Bernstein은 말한다.

우리가 가진 재능이 우리가 가진 존재의 핵심이다.

자신이 살고 있다는 사실을 느끼는 사람은 많지만 자신의 존재감을 느끼며 사는 사람은 많지 않다. 재능을 발화시키지 못하는 인간은 존재감의 결핍 때문에 괴롭다. 이때 "모든 인간은 재능을 타고난다"는 번스타인의 말이 위로가 될지도 모른다. 하지만 나는 아니었다. 나는 그 말에 위로받지 않는다. 모든 인간은 재능을 타고난다는 게 사실일 수는 있으나 그 재능조차 평등하지는 않다. 내가 가진 어떤 재능은 다른 사람에게 필요가 없다. 쓸모없는 재능을 타고나는 건 저주일지도 모른다.

1927년에 태어난 피아니스트 시모어 번스타인은 올해 만으로 90세다. 이미 40년 전인 1977년 공연을 끝으로 콘서트 피아니스트로는 은퇴하고 마스터 클래스와 교수법 개발에 몰두했다. 그가 세계적인 명성을 누리게 된 건 에단 호크의 다큐멘터리 영화 〈피아니스트 세이모어의 뉴욕 소네트〉 때문이다. 번스타인은 《시모어 번스타인의 말》에서 왜 사람들이 이 영화를 보고 울게 됐는지 설명한다.

영화를 보고 많은 사람들이 나에게 와서 눈물을 흘리는 이유는 올바른 선택을 하지 못한 데 대한 죄책감 때문이라고 생각합니다. 그러나 그들의 눈물은 기쁨의 눈물이기도 할 겁니다. 나의 경우를 보고 너무 늦지 않았다는 것을 알았으니까요.

무엇이 잘못된 선택인지 아는 건 어렵다. 알았다면 하지 않았을 사람도 많다. 몰라서 선택했지만 시간이 흐르면서 잘못된 선택이었다는 걸 깨닫는다. 문제는 잘못된 선택의 결과가 잘못된 인생이라는 것이다. 나쁜 선택을 나쁜 결과로 깨닫는 건 지성적이지 않다. 그리고 무엇보다 비참하다. 시간이 흐르고 뭔가 잘못되었다는 사실을 깨달았을 때는 이미 늦다. 하지만 이미 늦었다고 해도 잘못된 선택의 결과를 조금이라도 개선할 수 있는 유일한 방법은 지금이라도 좋은 선택을 하는 것뿐이다. 이전에 했던 나쁜 선택을 이번에 피한다는 보장은 없다. 똑같은 방법으로 다른 결과를 기대하는 것은 바보다.

다른 방법을 시도하는 건 어렵다. 우리는 자아라는 행성에 갇혀 있기 때문이다. 갇혀 있는 행성의 중력에서 벗어나려면 중력의 힘을 이길 만큼의 속도를 내야 한다. 번스타인은 그 방법을 네 가지로 설명한다. 자발성, 인식, 몰입, 통합의 네 가지 단계다.

자발성은 첫사랑의 힘이다. 인간이 무엇인가에 매혹되어 사랑하는 힘. 누구나 한 번쯤은 소설에, 영화에, 야구에, 노래에, 경제학에, 혹은 우연히 마주친 대상에 미쳐버리며 이게 내 꿈 아닐까, 고민하는데 그것이 바로 자발성이다. 안타깝게도 자발성의 힘은 훈련이 수반되지 않으면 사라져 휘발된다. 번스타인은 그래서 "사랑을 위해서는 자유를 희생해야 한다"고 말한다. 자발성이란 관찰과 분석을 통해서만 유지가 가능해서다.

관찰과 분석을 통한 인식은 사랑이란 감정을 훈련하는 과정이다. 내 꿈이 연기자, 가수, 피아니스트, 영화감독, 미술가 혹은 경제학자라고 믿는 모든 이는 인식을 통한 훈련의 과정을 거쳐야 한다. 그래야 비로소 몰입의 단계로 갈 수 있다. 몰입은 도약하기 위해 필요한 것이다. 번스타인은 "몰입의 과정을 거치지 못하면 인간은 포기하게 된다"고 말한다. 그때 포기하는 건 꿈이기도, 재능이기도, 존재이기도 하다. 매혹되고, 훈련되고, 몰입되고 나면 통합의 순간이 기다린다. 통합이란 꿈꾸고 이해한 모든 것이 실현되는 단계다.

꿈은 '간절히 바라는 것'이지만 방점은 '바라는 것'이 아니라 '간절히'에 찍혀야 한다. 바라는 것만으로는 아무것도 이뤄지지 않는다. 인간은 중력의 한계를 인식하지 못한 채 살고 있고 인간이 원하는 것들은 대개 자신이 살고 있는 행성 바깥에 존재한다. 진짜 간절한 바람이라면 자신이 지금 살고 있는 행성의 중력을 깨고 날아올라야 한다. 긴 비행은 과감함 없이 시작되지 않는다.

우주에는 태어나면서부터 과감한 인간이 존재한다. 대단한 재능이다. 그런 재능이 없다면 간절히 노력해야 한다. 과감하게 매혹될 것, 매혹되었다면 결실을 맺을 때까지 포기하지 말 것. 몰입의 쾌락을 경험할 것. 그렇게 통합의 힘을 경험해봤다면 이렇게 말할 수 있을지도 모른다. "그것이 내 삶에 미치는 영향이 삶이 그것에 미치는 영향보다 훨씬 크다"고. 《시모어 번스타인의 말》이다.

10.
31.

<u>1</u>.
배우 김주혁이 교통사고로 숨졌는데 대낮 교통사고의 이유는 심근경색으로 추정 중이라고 한다.

　지인 K는 2년 전 차를 몰고 집으로 가던 중 체한 것 같은, 그러나 한 번도 느껴보지 못한 종류의 통증을 느꼈다. 그는 곧장 강남세브란스 응급실로 직행해 처치를 받았다. K는 "응급실로 곧장 오지 않았다면 지금 이 세상에 없을 것"이라고 한 의사의 말을 담담히 전했다. K가 그런 행동을 할 수 있었던 이유는 그의 지인인 P가 같은 질환으로 수술을 한 적이 있었기 때문이다. 그는 심근경색의 증상에 대해 잘 알고 있었다.

　선택과 결단은 인생의 방향을 바꿔놓는 목숨을 결정하기도 한다. 40대 이후에는 별거 아니겠지, 곧 좋아지겠지, 라는 생각은 하면 안 된다.

그의 아버지처럼 좋은 배우를 잃었다. RIP.

11.
02.

<u>1</u>.
일주일에 세 번 일본어 학원을 다니는데, 두 달이 지나면 과외를 받을 생각이다. 알아보니 일본어 과외비는 영어에 비하면 훨씬 싸다. 원어민이 아니라면 세 시간에 7만 원 정도.

영어를 잘하는 편은 아니지만 영어 실력이 일취월장했던 적이 있다. 서울대에 유학 온 미국인에게 매주 세 시간 정도 과외를 받았을 때였다. 1년 정도 매주 토요일에 만나서 (그때 아내가 보스턴으로 유학을 갔을 때라 주말에 시간이 많았다) 한 주 동안 읽은 자료를 두고 토론을 했다. 얼마나 읽을 자료를 많이 내줬는지 다섯 시간 정도를 안 쉬고 읽어야 다 읽을 수 있었는데 자료들이 너무나 재미있었다. 내가 재미있어 하는 걸 알고 그 친구는 재미있는 자료를 점점 더 많이 보내줬다.

그는 내 관점이 너무 신선하고 재미있다고 했는데 그렇게 이야기한 것과 자료들을 바탕으로 《거의 모든 것의 경제학》을 썼다. 책에 인용된 많은 영어 기사와 자료는 그때 읽은 것이다. 그즈음 매주 하던 싱가폴 리전 오피스와의 컨퍼런스 콜이 끝난 언젠가 친구는 내게 "요즘 영어를 왜 이렇게 잘하냐?"고 물었다. "나 원래 잘해"라고 농담을 했는데 그는 "확실히 달라졌어"라고 했다.

지루한 시간을 버텨야 실력은 퀀텀 점프한다는 걸 그때 분명히 깨달았다. 씨티를 나온 후 영어를 안 쓰는 곳에서 일하고 있지만 읽고 쓰고 말하는 것이 그렇게 나빠진 것 같진 않다. 일단 올라간 것은 잘 내려오지 않는다. 일본어도 그런 경험을 해야 하는데 시간이 부족하다. 내가 필요한 건 선생인가, 시간인가.

11.
05.

한샘 사태를 보니 여러 가지 문제점이 보인다. 특히 몰카를 찍는 동료를 말리거나 고발하기는커녕 두둔하고 감싼 사람이 많았다는 것. 이런 사건이 생겼을 때 어떤 절차를 밟아야 하는지에 대한 사전 교육만 있었더라도 그런 일은 없거나 회사가 모니터해서 적절한 사후 조치를 취할 수 있었을 것이다. 이들이 비정규직, 계약직이거나 초대졸 영업사원이어서가 아닐까 생각하는데, 만약 그런 거라면 회사가 브랜드와 이미지 관리를 안일하게 생각한 것이다.

  조직에서 개인의 일탈을 막는 건 조직의 규율이지만 일차적으로는 조직의 동료다. 옳고 그름의 판단이 희박한 동료들과 일하는 개인의 고통은 극심하다. 하나 마나 한 이야기겠지만 가능한 한 좋은 조직에 가는 게 좋다. 내가 속한 친구나 동료 집단이 일탈을 제어하는 게 아니라 방관하거나 조장할 것 같다면 상종하지 않는 게 좋다. 동료와 친구의 모습이 바로 내 현재와 미래의 모습이다.

11.
08.

무라카미 류의 《남자는 쇼핑을 좋아해》(민음사, 2017)는 재미있는 책이다. 쇼핑에 대한 에세이들을 모은 책인데 한 에세이가 세 페이지를 넘지 않고 대개는 두 페이지 내외의 짧은 글이다. 어딘가 가고 싶고, 무언가 먹고 싶게 만드는 아주 잘 쓴 에세이다.

이 책을 읽으면서 내가 쓴 게 아닐까 싶은 문장이 있었다.

경제적으로 파탄 나는 경우를 제외하고, 갖고 싶은 상품이 있으면 사는 편이 좋다. 특히 외국에서는 다음에 올 때 사야지, 망설이지 말고 갖고 싶은 것이 있으면 바로 사야 한다.

출장 중간중간에 쇼핑을 즐기는 나는 사고 싶은 게 눈에 보이면 그 자리에서 사버린다. 만약 같은 품질이지만 더 싼 제품, 같은 가격이지만 더 좋은 물건을 보면 기뻐하며 또 사면 된다고 생각한다. 물론 이렇게 말하면 '그렇게 돈이 많다면 아무 걱정이 없겠어요'라고 냉소적으로 말할지도 모른다. 하지만 외국은 그런 곳이다. 살고 있는 서울에서와는 돈을 쓸 마음이 분명히 다르다. 이것과 저것을 비교하는 게 서울에서는 의미가 있다. 하지만 애써 도착한 외국에서 아름다운 것들에 미련을 남긴 채 돌아오는 건 바보 같은 짓이다. 꿈에 그리던 이상형을 만났는데 말 한번 나누지 않고 돌아오는 것보다 바보스럽다. 에르메스 옷과 가방을 잔뜩 사오는 게 아니기 때문이다. 서울에서도 돈만 있으면 얼마든지 갈 수 있는 곳은 아예 가지 않는다.

언젠가 쇼핑을 주제로 이런 글을 쓰고 싶지만 쓰지 않았다. 40대 남자가 쇼핑에 관한 글을 쓰다니. 어떻게 써도 허세지만, 무라카미 류의 글이 내게 약간의 용기를 주었다.

이 작은 에세이집에는 상당히 근사한 에세이가 한 편 있다. 제목이 '평생 이어질 좋은 기분'인 두 페이지짜리 에세이다. 무라카미 류가 소설을 탈고한 1980년 말, 잘생긴 20대 초반의 F1 레이서와 했던 인터뷰를 떠올려보는 얘기다. F1 레이서는 화려해 보이지만 생각보다 거친 직업이다. 엄청난 체력이 요구되고 컨디션 조절에도 세심한 주의를 기울여야 하기 때문에 일탈적인 행동을 하는 것은 불가능하다.

무라카미 류가 "당신도 평범한 남자들처럼 술 마시고 데이트하고, 영화 보고, 파티에 가고 싶지 않습니까?"라고 물었다. 이 질문에 대한 대답이 바로 이 에세이의 제목, '평생 이어질 좋은 기분'이다.

저도 이성하고 놀고 싶고, 그것이 얼마나 즐거운지 압니다. 좋아하는 여자와 즐거운 시간을 보내는 건 정말 신나는 일입니다. 다만 그 좋은 기분이 얼마나 길게 이어졌는지는 잘 모르겠습니다. 잠시 계속되겠지만 며칠, 몇 개월, 몇 년이나 이어지지는 않을 겁니다. 그러나 레이스에서 멋진 기록을 내면 정말 하늘을 날 것 같습니다. 그럴 때면, 만약 그랑프리에서 우승하면 어떤 기분일까, 얼마나 기분이 좋을까, 상상해봅니다. 데이트를 하고 인생을 즐기는 것도 좋지만 그런 일보다는 달성하기만 하면 기쁨과 좋은 기분이 평생 이어질 것 같은 뭔가를 해내고 싶습니다. 저는 그걸 F1으로 얻을 수 있다고 생각하기 때문에 여자와 놀고 데이트할 시간이 없는 것을 전혀 고통으로 여기지 않아요.

도대체 '평생 이어질 좋은 기분'이란 어떤 것일까. 여기서 중요한 건 좋은 기분이 '평생' 이어져야 한다는 것이다. 무라카미 류는 '폭발적인 기쁨이 평생 이어진다면 우리는 아마 지칠 대로 지쳐서 결국 죽을지도 몰라'라고 생각한다. 그리고 이렇게 쓴다. "그

것은 분명히 매우 조용한 충실감, 성취감이 아닐까." 그러고는 식료품점에서 먹을 것을 잔뜩 산 후 집안에 틀어박혀 소설을 쓴다. 먹을 게 줄어드는 걸 보면서 "아, 이제 글을 다 써가는구나" 하고 실감한다.

세상에는 '평생 이어질 좋은 기분' 같은 것에는 관심이 없는 사람도 많다. 남자라면 아름다운 여자와 즐거운 시간을 보내는 것으로 충분하다고 생각하는 이가 훨씬 더 많을 것이다. (안타깝게도 그들 대부분은 아름다운 여자와 즐거운 시간을 보낸 경험이 별로 없을 것이다.) 하지만 누군가는 '평생 이어질 좋은 기분'을 기대하며 자신을 절제하고 강인한 몸을 만든다. 떨리는 마음을 진정시키며 운전대를 움켜잡고 경기장에 진입한다. 누군가는 지루하게 자료를 뒤지고 등장인물에 자신을 이입하며 집에 틀어박혀 소설을 쓴다. 그렇게 책이 만들어지고 챔피언이 탄생한다. 그리고 평생 이어질 '좋은 기분'도 남는다.

11.
11.

친중반미의 근원

소위 586들은 박정희와 전두환의 독재에 맞서 싸웠지만 북한과 사회주의에 호의적이었다. 1987년 이후 한국에는 민주주의가 활짝 꽃피웠지만 북한은 경제적으로 몰락했다. 소련은 붕괴됐고 중국은 고속성장했다. 1992년 남순강화 이후, 중국의 경제는 놀라운 속도로 성장했다. 박정희와 전두환과 싸웠던 586들로서는 어떤 나라의 경제성장은 그 나라 체제가 독재국가냐 민주국가냐의 여부와 무관하다는 착각을 할만했다. 공산국가였던 북한과 소련은 몰락했지만, 독재국가였던 한국은 성장을 지속하고 (물론 1997년 금융위기를 겪긴 했지만) 중국도 (1989년 북경의 젊은이들이 민주주의를 요구했던 천안문 사태를 유혈진압하고) 계속 성장했다. 북한에 대한 호감은 군부독재가 미국의 비호로 가능했다는 의심, 일제

잔재를 청산하는 데 남한보다 북한이 더 적극적이었다는 데서 기인했다. 물론 소련 연방의 붕괴로 호감은 사라졌지만, 독재를 유지하면서도 경제성장을 거듭한 중국에 대한 미련은 친북반미의 정서로 변화되었다.

정치체제와 경제성장이 어떤 관계가 있는지 이해하지 못할 때 이런 생각을 한다는 건 그리 놀라운 일이 아니다. 그 관계가 경제학적으로 규명된 것 자체가 비교적 최근의 일이기 때문이다. 세계 경제는 사실상 1차 산업혁명이 일어나기 전까지 수십 세기 동안 의미 있는 성장을 하지 못했다. 각 나라가 자신들의 아름다운 문화 유물을 뽐내고 있지만 사실 그런 유물들을 만든 기술은 귀족들의 사치스러운 소비를 위한 단순 기술일 뿐 혁신의 요소가 없었다. 많은 나라의 성장률은 사실상 수백 년이 넘는 기간 동안 늘 전년대비 0퍼센트였다. 그런 상황이 비약적으로 개선되기 시작한 계기는 바로 19세기 중반 이후부터 19세기 말까지 진행된 1차 산업혁명이다.

1차 산업혁명은 내연기관의 발명과 혁신으로 시작됐지만 제임스 와트는 엔진을 만들면서도 작동 원리를 몰랐다. 내연기관의 원리는 프랑스 물리학자인 니콜라 카르노Nicolas Carnot가 열역학 법칙을 통해 규명했다. 2차 산업혁명은 과학이론을 밝혀내며 기술이 퀀텀 점프했기에 가능했다. 경제학적 관점으로 보자면, 비약적으로 생산성이 향상됐던 1차, 2차 산업혁명과 달리 3차, 4차 산업혁명은 사실상 작가들의 광고 문구 같은 것이다. 별 의미가 없다.

우리나라에도 비슷한 일이 있었다. 간장과 된장 따위를 발효해서 먹기는 했지만, 그래서 우리 민족의 요리 수준이 엄청나게 뛰어난 것처럼 홍보하지만, 조상들은 장이 발효되는 원리에는 까막눈이었다. 인쇄술을 갖고 있었으나 상용화하지는 못했고, 종이를 만들었지만 대량 생산하지 못했다. 모두 기술은 발견했지만 원리는 몰랐던 탓이다. 중국의 상황도 별반 다르지 않았다. 화약으로 폭죽은 만들었지만 화약을 터뜨리면 공중으로 날아오르는 이유는 몰랐다. 그래서 폭죽은 만들었지만 로켓은 만들지 못했다.

기술의 발전은 경제를 한 단계 발전시키지만 과학이론의 발전은 경제를 몇 단계씩 끌어올린다. 그런데 과학이론의 발전은 부국강병의 의지만으로는 이뤄지지 않는다. 소련은 과학과 기술의 발전을 위해 막대한 투자를 했지만 갑자기 연방이 해체되었고, 독재가 끝나버렸다. 여러 분석이 가능하지만 가장 근본적인 이유는 지적 탐구를 위한 개인의 자유가 보장되지 않았기 때문이다. 물론 과학기술이 발전할 사회적 기반 없이 투자를 하는 게 불가능한 건 아니다. 단지 비효율적일 뿐이다. 투입한 돈과 시간에 비해 그에 상응하는 편익이 생기지 않는다. 생산요소의 투입이 지속되어도 산출량이 체감하기 때문이다. 이게 경제학에서 말하는

'수확 체감의 법칙'이다. 수확 체감을 체증으로 바꾸는 방법이 바로 기술혁신이다.

소련은 과학과 기술 발전을 위해 엄청난 투자를 했지만 시간이 지나면 지날수록 결과가 신통치 않았다. 1950~1955년 사이 소련은 10퍼센트에 육박하는 높은 성장을 했다. 그때 미국은 소련과의 체제 경쟁에 패배하는 상상을 하며 괴로워했다. (지금 생각하면 웃기지만 그때는 그랬다.) 매카시즘의 광풍이 불어닥친 1950년대처럼 잠시 흔들린 적은 있지만, 미국은 시장이 정부 혹은 그 누구보다 우월하다는 원칙과 신념을 고수했다. 시간이 지날수록 개인의 자유와 창의성을 존중하지 않는 과학과 기술 개발의 한계는 분명하게 드러났다.

제도학파 경제학자로서 노벨 경제학상을 받은 더글러스 노스 Douglass North는 거래비용을 낮춰주는 사회적 제도가 경제성장의 핵심이라고 봤다. 좋은 사회적 제도란 무엇일까? 노스에 의하면, 거래의 이익을 거래 당사자가 가져가는 것이어야 한다. 소련은 그렇지 않았다. 과학자나 기술자가 노력해 얻은 과실을 정부가 가져갔다. 이런 방식은 정부가 생산요소인 자본과 노동력의 투입을 늘리면 늘릴수록 생산은 체감하는 효과를 낳는다. (생각해보면 당연한 일이다.) 게다가 견제자가 없는 독재 정부는 필연적으로 부패할 수밖에 없고 소련 역시 예외가 아니었다. 부패를 막기 위해 부패를 막는 기관을 만들지만 소용 없다. 부패를 막는 가장 본질적인 힘은 경쟁이다. 경쟁이 없는 한 끊임없이 문제가 생긴다. 사기를 막아야 할 정부는 사기에 개입한다.

정보가 공유되지 못하고 통제되는 것 또한 심각한 문제였다. 자유로운 정보란 자유로운 사회를 의미한다. 사회의 자유를 통제하는 독재국가가 과학과 기술의 발전을 위해 정보를 자유롭게 개방하는 것은 불가능했다. 소련은 미국과의 경쟁이 치열해지자 무리해서 생산요소의 투입량을 늘렸지만, 투입하는 생산요소에 비해 생산량은 빠르게 체감했다. 반면 미국은 지속적으로 혁신을 시도했고, 개인의 자유와 창의성에 기반한 기술혁신과 과학기술의 발전은 미국의 생산성을 향상시켰다. 생산성이 향상되자 미국은 생산요소를 늘릴 때마다 생산량을 퀀텀 점프시킬 수 있었다. 한계생산 체증 현상은 미국 경제를 도약시켰다.

시진핑 정부는 체제에 도전하지 않고 개인의 (정치적 혹은 언론) 자유를 요구하지만 않으면, 경제 분야에서는 다양한 형태의 시도와 도전을 용인한다고 주장한다. 이 말은 형용모순이다. 시진핑을 연상시킨다는 이유로 곰돌이 푸의 검색을 막고, 트위터와 페이스북에 접속할 수 없으며, 구글 검색이 안 되는 나라에서 혁신은 불가능하다. 가능하다는 건 그들의 착각이다. 그런 상태에서 생산요소의 투입을 지속하면 생산량이 계속 늘어날 것이란 기대는 고도

화된 경제가 어떻게 작동하는지 모르는 무지에 기반한다. 경제발전이 고도화될수록 인간의 자유는 창의성을 가져온다. 창의성이 없다면 혁신도 없다. 그리고 이 가정은 인간의 본성에 기반한다. 세상에는 착각이라고 생각하지 않는 사람도 있을 것이다. 중국 공산당은 자신의 권력을 유지하기 위해 그렇게 주장할 것이다. 아마 한국의 586들도 그렇게 생각하는 것 같다.

박정희와 전두환의 독재에 맞서 싸우던 586은 그들의 신념을 민주주의가 아닌 사회주의에 투영했다. 그것이 김대중과 586을 구분하는 가장 큰 차이점이다. 김대중은 민주주의와 인권에 헌신했다. 그는 자본주의의 한계를 인지했지만 독재는 혐오했고, 사회주의의 몰락을 목격하며 약간 있던 미련마저 버렸다. 하지만 586들은 자유가 없는 북한이 남한보다 경제적으로 우월한 체제라고 믿었고, 공산주의 경제학의 유물론을 신봉했다. 소련이 베를린 장벽 무너지는 소리와 함께 붕괴되면서 그런 믿음을 버릴 수밖에 없었지만 미련은 버리지 못했다. 미련을 버리면 자신들의 삶도 버리는 거라 생각했을 것이다. 그 미련의 대상이 바로 중국 사회주의였다.

같은 진보의 뿌리를 가졌음에도 586들이 김대중을 진심으로 존경하지 않는 건 그 때문이다. 1971년생인 나는 그들이 왜 김대중을 존경하지 않는 건지 몰랐지만, 이제 너무나 잘 이해하게 됐다. 전혀 다른 진영에 속해 있지만 박근혜 정부의 외교전략과 문재인 정부의 외교전략은 거의 같다. 박근혜는 독재에 방점을 찍었고 문재인은 중국에 방점을 찍었지만, 안타깝게도 둘은 사실상 같은 곳을 보게 됐다. 박근혜가 중국의 전승일 열병식 참석을 앞두고 보수 진영의 눈치를 보고 있을 때 문재인이 참석하라고 말한 이유가 이제는 이해가 될 것이다.

중국이 사회주의 시장경제라는 말은 모순이다. 지금의 중국은 공산당의 일당독재일 뿐 사회주의 경제체제를 지향하고 있지 않다. 정치는 공산당의 일당독재, 경제는 정부가 통제하는 자본주의. 이렇게 두 시스템을 병행해 유지하는 것이 현재 중국의 체제다. 박정희와 전두환을 생각하면 이해가 쉽다. 이렇게 생각하면 문재인 정부가 왜 고집스럽게 친중반미의 태도를 견지하는지도 이해가 된다. 문재인 정부의 실세인 586들이 나와 동일한 분석을 했을 리는 없겠지만, 그들이 심정적으로 중국식 자본주의를 부러워하며 지향하는 것이라고 생각한다. 586들은 자본주의가 공산주의에 승리한 현실은 인정하지만, 권력은 놓을 수 없는 딜레마의 결과가 지금의 중국이라 생각하지 않는다. 대신 현재 중국식 체제가 어쩌면 미국의 자본주의를 이길지도 모른다는 헛된 기대를 한다. 그렇기 때문에 중국처럼 토지의 사유화를 허용하지 않는 사회주의가 그들의 고육지책이 아니라 한국이 가야 할 올바른 방향(예를 들어, 은행 금리보다 높은 월세는 국가가 회수하겠다는 발상 같은 것)처럼 생각하는 것이다. 거대한 착각이다.

자유의 힘은 함께할수록 커지지만 권력은 나눌수록 약해지는 법이다. 자신의 권력을 늘리기 위해 남의 권력을 빼앗는 게 시진핑의 방식이다. 시진핑의 권력이 강해지는 이유는 시진핑의 개인적 욕망의 결과지만, 높아지는 소득과 개인의 자유에 대한 욕구를 대하는 중국 공산당의 공포를 반영하는 것이기도 하다.

세계가 멀쩡할 때는 잘못된 정책을 써도 티가 나지 않는다. 지금 미국의 장단기 스프레드로 볼 때 지금처럼 연준이 금리를 올려가면 2019년 말에는 다시 금리를 내려야 할 것이다(미국 연방준비위원회는 2018년 12월 마지막 금리인상을 한 후 통화긴축 사이클을 끝냈다. 그리고 미국과 중국간 무역 갈등이 미국 경제에 미칠 충격을 완화하기 위해 2019년 7월 말부터 10월까지 총 세 번 금리를 인하했다). 현재 미국은 부동산 시장, 제조업, 정부, 소비자 어디에서도 부실의 기미가 보이지 않는다. 그래서 그때 연준이 금리를 내려야 한다면 그건 아마 중국이나 유럽 때문일 것이라 예상하고 있다.

그런 일이 생기면 비로소 누가 진짜 강자고 약자인지 금방 가늠이 된다. 누가 좋은 사회적 제도로 경제를 지지하고 있었는지 알게 된다. 발가벗은 채 물속에 있었던 사람이 누구인지는 수영장 물이 빠질 때 알게 되는 것이다. 그렇게 국가의 운명이 달라질 때가 되면 어떤 나라가 잘못된 곳에 줄을 댔고, 어떤 나라가 좋은 선택을 했는지 선명하게 드러난다.

2008년 미국에서 금융위기가 터졌을 때 위기의 근원은 미국이지만 승자는 미국이 된다고 하자 사람들 대부분이 믿지 않았다. 금융위기는 미국의 치부를 보여주는 것이며, 이제 미국의 시대는 가고 중국의 시대가 온다고 이야기하는 사람이 많았다. (그중에는 하버드 역사학자인 니얼 퍼거슨Niall Ferguson도 있었다.)

중국의 위기는 다시 한국의 진보를 당황하게 할 것이다. 안타깝게도 그들이 당황하는 건 약한 지적 기반 때문에 생긴 것이라 진짜 충격은 그들의 정치기반이 아닌 그들을 지지해준 이들에게 가해질 것이다. 한국은 쓰레기차를 피하려다 똥차를 만나게 된 비극적인 운명이다. 한국 진보의 진짜 시작은 바로 그 사고를 수습하면서부터일 것이다.

나는 인문학자가 아니라 투자를 해서 돈을 버는 사람이다. 이건 누구를 비난하려는 게 아니라 한국의 미래가 어떻게 될지 골똘히 생각하다 내린 결론일 뿐이다. 그나마 다행인 건 한국 경제가 미국과 일본에 많이 의존한다는 점과 기업들이 살길을 찾아 나름대로 발버둥 치고 있다는 점이다.

11.
12.

채권시장에 관해서는 정말이지 제대로 알고 말하는 사람이 별로 없다. 너무 없어서 신기하기까지 하다.

11.
14.

　일본어 학원이 있는 종로에 가기 위해 버스나 택시를 탄다. 지난 10년 동안 택시를 탈 일이 별로 없었기에 요즘 어이 없는 경험을 많이 한다. 택시를 타서 인사를 하면 절반은 아무 대꾸도 하지 않는다. 어디로 가자고 해도 역시 아무 대꾸를 하지 않는다. 내리면서 인사를 해도 역시 아무 대꾸를 하지 않는다. 이런 일이 반복되니 타면서 인사를 받지 않고, 행선지를 말해도 대꾸하지 않는 기사에게는 내릴 때는 인사를 하지 않는다.
　얼마 전에는 학원 수업이 끝나고 종로에서 신사동으로 갈 일이 있어 주소를 줬는데 기사가 내비게이션을 쓸 수 없다고 했다. 차에는 차에 장착된 내비게이션과 핸드폰이 있었다. 일단 신논현역으로 가자고 했더니 어떻게 갈지 말을 하라고 했다. 그래서 반포대교와 한남대교 중 어느 쪽으로 가면 좋겠냐고 했더니 둘 다 갈 수 있으니 나보고 결정하라고 했다. 그러면 반포대교로 가자고 했더니 반포대교로 가면 안 된다고 했다. 그럼 한남대교를 건너 신논현역에서 우회전을 하라고 했더니 아무 대꾸가 없었다. 들었냐고 물었더니 그제야 알았다는 대답을 했다. 그러고는 난폭운전이 시작됐다. 평균적인 한국 남자보다 키와 체격이 큰 나에게도 황당한 일이었는데, 과연 여자들이 이런 택시를 타면 도대체 무슨 일이 벌어질지 걱정이 됐다. 그래서 목적지에 도착한 뒤 다산콜센터에 신고를 해버렸다.

그 뒤로는 웬만하면 택시를 타지 않는다. 지난주부터는 학원에 갈 때 영풍문고에 차를 세우고 걸어간다. 책을 만 원어치 이상 사면 한 시간 무료 주차권이 나오고, 한 시간 정도 더 세우면 6,000원을 더 낸다. 사실 우버에 그렇게 호의적이지 않았는데 이런 일을 겪으니 우버를 집요하게 방해하며 허용하지 않은 사람들이 꼴 보기 싫어졌다.

11.
17.

이국종 박사의 분투는 높게 평가하지만 JSA 북한군 병사의 수술, 특히 기생충 감염에 대한 자세한 보도는 불편하다. 환자 본인의 의사도 모르는데 그의 소장과 대장에 어떤 기생충에 의한 어떤 감염이 있는지 꼭 이렇게 자세히 알아야 할까. 그가 회복하고 일어나면 그는 졸지에 기생충 병사가 돼 있을 것이고, 온 남한 국민이 자신의 기생충을 컬러 사진으로 봤다는 사실을 알게 될 것이다. 나라면 기분이 좋지 않을 것 같다. 그의 영양 상태와 기생충 감염 사실은 우리에게는 좋은 정보다. 하지만 그 디테일을 본인의 동의 없이 온 국민이 알아야 할 이유는 뭘까.

11.
18.

매수하는 인간과 매도하는 인간이 다른 인간이면 어떨까 생각해 본다. 매수하는 사람은 매수하는 순간 자신의 포지션을 사랑하게 된다. 당연히 매도 타이밍을 잡을 때는 냉정하기가 어렵다. 두 사람이 두 가지 인성을 가질 수 없기 때문에 인간은 자신의 이익과 손실에 매몰되는 경향에서 벗어나기 어렵다.

11.
19.

경제에 관한 이야기를 쓰고 있지만 정치가 경제에 미치는 영향이 크다는 것을 느낀다. 김영삼 정부 이래 대통령이 바뀔 때마다 경제성장률은 1퍼센트 포인트씩 떨어졌다. 그 추세대로라면 문재인 정부 임기 말 경제성장률은 1퍼센트대가 될 것이다.
  그렇게 되지 않으려면 두 가지 힘이 필요하다. 하나는 경기순환적으로 경제를 잘 관리하는 것이고 다른 하나는 경제의 잠재성장률을 끌어올릴 혁신을 추구하는 것이다. 경제학적으로 봤을 때 나라가 잘 살려면 노동과 자본 같은 생산요소의 투입을 늘리는 것, 기술의 발전으로 생산성을 비약적으로 끌어올리는 것, 그리고 분업 같은 생산방식의 변화밖에 없다. 하지만 한국은 생산요소 투입으로 성장률을 끌어올리는 게 매우 어렵다. 한계생산이 이미 체감하고 있다. 그렇다면 혁신의 영역이 남는데, 혁신은 정치적으로 매우 어려운 주제다. 이해 당사자들의 정치적 이해관계가 복잡하게 얽혀 있어서다. 서비스 산업의 혁신을 자주 이야기하지만 한국 서비스 산업의 다수는 영세 자영업자다. 그들이 혁신의 주체가 되기에는 기술도 자본도 노동력도 부족하다. 그렇다고 서비스 산업을 대기업과 외국 자본에 개방할 용기도 없다. 진퇴양난이라 한탄하다 시간은 지나간다.

2012년 대선에서 문재인을 지지했다. 정권이 바뀔 것이란 예상은 빗나갔고 어두운 시절은 4년 넘게 계속됐다. 대중의 집단지성을 믿는 편이라 박근혜 당선의 의미가 무엇인지 제법 고민했다. 그래서 내린 결론은 첫째, 대중은 어떻게든 박정희 시대를 정리하고 싶어 한다. 둘째, 노무현 시대에 대한 평가가 (안타깝게 실패했다고 생각한) 내가 생각하는 것보다 훨씬 더 박하다. 4년이 지나고서야 결국 박정희 시대를 청산하게 되기는 했지만, 아주 참혹한 방식이었다. 최순실 스캔들이 일어나자 박근혜는 대통령직에서 사임할지 말지 정치적 흥정을 거듭하다 실패했고, 결국 수십만 시민이 광장에 나와 시위를 하다 탄핵됐다. 아주 비싼 비용을 치르고 박정희 시대를 청산한 것이다. 그나마 다행이지만, 그런 일이 없었다면 더 다행이었을 것이다. 박근혜 정부 4년은 경제적으로 거의 아무 정책도 추진되지 않았고, 정치적으로는 제대로 된 보수라고 부르기 어려웠으며, 군사·외교적으로는 철저하게 친중·반일·중미의 노선을 견지했다.

지난 총선에 야당이었던 더불어민주당의 참패 우려가 컸을 때 나는 절대 참패하지 않을 것이며 상당한 가능성으로 이길 수도 있다고 예상했다. 결과적으로 김종인이 기용되어 총선 승리를 견인했지만 누가 나서느냐의 문제였을 뿐 결국 승리는 예정돼 있었다고 보는 게 옳다. 대중은 이미 박근혜의 무능함에 질려 있었고, 대중의 요구는 중도적인 실용 정책에 가깝게 와 있었다.

문제는 박근혜가 탄핵되면서 한국 정치의 무게 중심이 중도에서 왼쪽으로 크게 쏠렸다는 것이다. 박근혜 정부에 대한 이성적인 심판이 어려워졌다. 광장의 정치는 감동적이지만 이런 변화에는 비용이 따른다. 최순실 스캔들 이후 문재인 정부는 어렵게 유지했던 중도 노선을 견지할 필요가 없었다. 아슬아슬할 것 같던 문재인의 우위는 경선과 대선을 지나는 동안에도 계속 유지됐다. 다른 후보와의 격차도 마찬가지였다. 중도를 표방한 안희정은 준비가 덜 되었고, 새 정치를 외친 안철수는 결단력과 판단력이 모두 부족했다. 한국의 미래를 위해서는 포퓰리스트인 이재명 돌풍이 불지 않은 것만 해도 그나마 다행이라고 할까.

문재인 정부의 6개월이 지났다. 박근혜의 실패는 박정희 시대를 정리하게 해줬다. 문재인 대통령은 봉하마을에 들러 성공한 대통령으로 돌아오겠다고 말했다. 문재인은 성공한 대통령이 될 수 있을까. 안타깝게도 지난 6개월 동안 있었던 일로 보면 그러기는 쉽지 않아 보인다. 최순실 스캔들로 인해 노무현 정부의 과오에 대한 자기반성 없이 너무 쉽게 대통령이 돼버렸기 때문이다. 취임 이후 시행한 경제정책의 대부분은 혁신과 반대 방향을 가리키고 있다.

최근 수년 동안 세계 경제의 흐름은 미국이 주도하고 있다. 지금 세계에서 가장 강력한 건 미국 경제다. 오바마의 뒤를 이은 트럼프는 큰 비용을 들이지 않고도 달러를 약세로 만들고, 미국을 떠난 제조업 회사들을 다시 불러들이고, 심지어 미국 시장을 놓칠 수 없는 한국을 비롯한 해외기업들마저 미국에 투자하게 만들고 있다. 중국을 압박하는 스타일도 오바마와는 다르다. 환율 조작국 지정을 미끼로 중국을 압박해, 중국이 환율 조작국이 됐을 때 해야 하는 조처들을 사전적으로 취할 수밖에 없도록 만들었다. 아마 최고의 게임 체인저game changer는 조세 개혁안이 될 가능성이 높은데 그 여파는 기업(주식), 재정(채권) 그리고 부동산까지 골고루 미칠 것이다.

박근혜 정부 출범 직후 국정원 댓글 사건이 터졌다. 나는 당시 〈한겨레〉에 칼럼을 쓰고 있었다. 매체가 〈한겨레〉여서가 아니라 그 사건은 좌파와 우파, 보수와 진보 어느 시각으로 봐도 옳지 않은 사건이라 계속 비판하는 칼럼을 썼다. 하지만 보수 매체, 보수 언론인, 보수 정치인, 보수 지식인들은 그 사건에 대해 일관적으로 침묵했다. 분명한 잘못이지만 한 움큼도 안 되는 이해관계 때문에 눈을 감고 입을 닫았다. 역사 교과서 국정화 때는 적극적으로 나서서 사상의 통제를 옹호했다. 시장의 자유를 믿는 보수가 시장의 국영화로 사상의 자유를 해결해야 한다는 주장에 코웃음을 칠 수밖에 없었다. 박근혜 정부 취임 직후부터 최순실 스캔들 이전까지 박근혜의 지지율은 견고해 보였을지 몰라도 보수의 입지는 끊임없이 궁색해졌다. 지금 보수의 궁색함은 자업자득이다.

한국의 미래는 진보와 보수가 얼마나 선의의 경쟁을 잘하느냐에 달려 있다. 그런 점에서 보면 지금 한국은 위기다. 오만으로 쇠락한 보수 덕에 진보는 충분한 반성 없이 집권할 수 있었다. 그래서 촛불 혁명은 감동인 동시에 위기이기도 하다. 지금까지의 정책으로 보면 박근혜가 그랬던 것처럼 실패는 예정돼 있다. 문재인 정부의 외교·안보 정책의 골격 역시 친중·반일·중미로, 박근혜 정부와 크게 다르지 않다. 경제정책의 일부(부동산 대책, 탈원전 정책, 급격한 최저임금 인상 등)는 아무것도 하지 않았던 박근혜 정부가 나을 수도 있겠다 싶을 정도다.

지하철을 잘못 타본 사람은 알겠지만 목적지의 반대 방향으로 갔다가 다시 목적지로 가려면 걸리는 시간이 두 배로 늘어난다. 4년 뒤 한국의 미래는 우울하다. 미국을 비롯한 대외환경이 협조적이라면 작은 실패일 것이고, 위기가 온다면 큰 실패라는 것만이 다를 뿐이다. 나는 대외환경의 변화에 대해, 한국이 무엇을 잘못하고 있는지에 대해 쓸 것이다. 나라의 미래를 결정하는 것은 세계가 불황과 위기에 빠졌을 때 발휘되는 실력인데 지금의 모습은 몹시 아슬아슬하다.

잘못된 정책을 고수하는데 좋은 결과가 나오기는 어렵다. 공부를 안 하면 정원이 미달되지 않는 한 좋은 학교에 갈 수 없는 게 당연하다. 모든 사람이 갑자기 좋은 대학의 좋은 학과에 가는 것을 기피해 나만 합격하는 일이 불가능한 건 아니다. 하필이면 실력 없는 사람들만 잔뜩 지원해 합격할 수도 있다. 이건 로또 당첨 같은 일이다. 불가능하지는 않지만 가능성이 매우 낮다.

그렇게 합격한들 미래가 밝은 것도 아니다. 지금의 우연한 성공이 미래의 더 큰 실패의 초석이 되는 경우도 허다하다. 뛰어난 기술력 없이 분야의 호조로 우연히 성공한 기업이 그 성공을 유지하기란 매우 어렵다. 우연한 성공에 눈이 멀어 잘못된 투자를 하다 결국 더 큰 실패를 한다. 그래서 성공의 이유를 아는 것은 매우 중요하다. 우리의 미래가 어둡든 밝든 세상은 굴러간다. 하지만 누군가는 바깥세상이 어떻게 굴러가고 있는지, 우리는 어디쯤 와 있는지 이야기해야 하지 않을까.

쓰레기통 안에서도 별은 바라볼 수 있는 법이다.

11.
23.

수학을 공부하고 있는데 경제학이 재미있어지거나, 미용을 하고 싶어 미용사가 됐는데 요리를 하고 싶어지는 경우가 있다. 트레이딩을 하고 있는데 사업이 하고 싶어질 수도 있다. 이 여자를 만났는데 저 여자가 좋아질 수도 있다. 아니면 이 여자를 만났는데 저 남자가 좋아질 수도 있다. 이 나라에서 태어났는데 저 나라 사람으로 살고 싶을 수도 있다. 이럴 때 사람들의 선택은 크게 둘로 나뉘는 것 같다. 현재를 유지하면서 행복을 찾아보거나 과감하게 새로운 선택을 하는 것이다. 어느 쪽이 더 낫다는 보장은 없다. 하지만《나는 나를 어떻게 할 것인가》에 이렇게 쓴 적은 있다. 할까 말까 고민된다면 해보는 것이 낫다고. 해보고 실패해서 하는 후회보다 해보지 않아서 생기는 번민이 인간을 더 불행하게 한다. 하지만 대다수가 그 반대의 삶을 살고 있을 것이다.

할까 말까 고민이 된다면 해보는 것이 낫지만 당연히 많은 문제가 생긴다. 미용사를 접고 요리를 한다면 미용실을 접은 뒤 요리를 배워야 한다. 결혼을 했다면 당장 생활고가 시작될 것이다. 결혼을 안 했다고 해도 주변의 걱정을 한 몸에 받아야 할 것이다. 문제다. 그런데 그 문제가 바로 인생의 본질이다. 요리사가 되고 싶다는 욕망은 요리사가 되려고 할 때 생기는 문제를 해결하는 에너지다. 미용을 접고 과감하게 요리를 선택하는 사람은 그로 인해 생기는 많은 문제를 돌파해간다.

만약 현재 애인과 헤어지고 다른 애인을 만나기로 결심했다는 건 그로 인해 생기는 많은 문제를 처리해가는 것을 의미한다. 이 나라를 떠나 다른 나라에서 살려고 결심했다면 그로 인해 생기는 수많은 문제를 감당하겠다는 뜻이다. 이 문제가 고통과 고난처럼 보이지만 문제를 해결하는 거야말로 삶이 주는 성취와 즐거움의 본질이기도 하다. 삶은 우리가 당면한 문제의 크기와 질로 결정될 뿐이다.

11.
29.

과연 이 글과 강의가 사람들에게 어떻게 받아들여질까는 너무 깊게 생각하지 않는 것이 좋다. 내가 읽고 싶은 글을 쓰고, 내가 듣고 싶은 강연을 하면 된다. 독자의 수준을 끌어올려야지 독자의 수준으로 내려가서는 안 된다.

12.
03.

1.
가장 많은 영감을 주는 건 역시 가격이다. 하지만 가격의 흐름을 보는 건 역시 고통스럽다. 차트를 열 때마다 심호흡을 한다.

2.
인간은 어쩔 수 없이 소탐대실한다.

3.
루치르 샤르마Ruchir Sharma에 의하면, 사자가 사냥에 성공할 확률은 20퍼센트가 안 된다. 많은 수사자는 다른 수컷과 영토 싸움을 하다 죽는다. 치타의 90퍼센트는 태어난 지 1년 안에 죽는다. 매년 영양 무리의 10퍼센트가 죽는데 그들 대부분은 강을 건너다 죽는다.

4.

'노no'라고 생각했다면 과감하게 '노'라고 하는 것이 좋다. 피곤하다고, 어색하다고, '노'라는 말을 피하면 더 많은 문제를 만든다.

12.
04.

1.
약속 장소에 도착해 차를 세웠는데 주차장에 있던 분들이 오른쪽 앞바퀴에 문제가 생겼다고 알려줬다. 삼성화재에 전화를 했더니 10분 만에 도착해 무상으로 수리해줬다. 저녁을 먹고 근처 스타벅스에서 음료수를 사 주차장에 있던 분들께 갖다드렸다. 호의에는 호의로 보답하고 싶었다. 원래 두 시간까지만 무료라 추가 주차비를 내야 했는데, 그냥 가라고 하셨다. 호의가 호의를 낳고 다시 호의가 호의를 낳는다. 기분이 좋아졌다.

2.
물론 세상에는 이상한 사람도 많다. 대응하지 않는다.

12.
05.

포지션에 진입하는 타이밍에 대해 계속 고민 중이다.

12.
08.

　박유하 교수에 대한 유죄 판결 이후 노엄 촘스키, 앤드류 고든, 오에 겐자부로 등 국내외 학자 98명이 박유하 지지와 소송 지원 의사를 밝혔다. 쪽팔린 일이다. 〈한겨레〉에는 아예 관련 기사조차 없다. 연예인들의 결별 뉴스보다는 훨씬 중요한 일 같은데.
　진보에게 민족이란 도대체 무엇인가. 이 질문은 보수에게도 똑같이 던질 수 있다. 한국 검찰이 〈산케이 신문〉의 서울지국장을 기소했을 때 많은 매체가 침묵했다. 박근혜의 몰락과 한국의 잃어버린 4년은 그냥 탄생한 것이 아니다. 박근혜가 아베의 악수를 뿌리칠 때마다 지지율은 올라갔고, 그 견고한 지지율에 취해 해서는 안 될 짓을 거듭한 게 바로 박근혜 정권이다.
　보수 매체가 이명박과 박근혜의 〈MBC〉 유린을 정연한 언어로 비판했다면, 최승호 기자가 〈MBC〉 사장으로 임명된 것에 대해 꽤 설득력 있는 비판을 할 수 있었을 것이다. 우리가 〈MBC〉 사장에게 기대하는 것은 개인이 당한 부당함이 보상받는 권선징악의 스토리인가, 〈MBC〉란 망가진 조직을 제대로 경영할 수 있는 적임자를 찾는 것인가, 라고. 하긴 그랬다면 최승호 기자가 해직당하는 일도 없었을 것이다.

국정원의 정치 개입은 처벌 대상이다. 처벌의 근거는 댓글을 단 행위다. 댓글 내용이 옳은지 그른지는 상관이 없다. 누가 집권을 하든 이런 일은 막아야 하기 때문에 원칙이 중요하다. 내 편에 유리하단 이유로 모른 척 입을 다물면 결국 쪽팔리고 궁색해질 뿐이다.

12.
09.

나는 굉장히 단순한 루틴으로 산다. 새벽에 일어나고 밤 늦게까지 책을 읽거나 일을 한다. 쏟아지는 보고서들을 체크하고 무슨 내용인지 차트를 중심으로 확인한 후 깊게 생각해볼 내용이면 인쇄해서 줄을 치며 읽는다. 좋은 보고서들은 내용을 정리해 블로그에 올리고, 검증이 필요한 내용이면 블룸버그로 지표와 가격을 비교해 확인한다. 가능하면 많은 책을 읽으려 하고 읽을 수 있는 것보다 더 많은 책을 산다. 1년에 대략 100~150권 정도를 사고 4분의 3 정도를 읽는다.

점심은 대부분 한적한 시간을 골라 혼자 먹는다. 밥을 먹으며 책을 읽는 시간이 하루 중 가장 소중한 시간이다. 그 뒤 6개월 전 시작한 복싱을 하러 간다. 오전에 갈 때도 있고 오후에 갈 때도 있지만 대략 장이 조용하고 사람이 없을 때를 골라 간다. 매주

3일은 일본어 학원을 가고 (가끔 결석하기도 하지만) 하루는 일본어 선생님을 만나 과외를 받는다. 일주일에 평균 3일 정도는 저녁 약속이 있다. 굉장히 타이트한 스케줄이다.

복싱을 하러 갈 때마다 놀라는 게 있다. 운동을 하려는 직장인들이 11시 15분부터 슬슬 오기 시작하고, 대부분은 11시 40~50분에 도착한다. 12시가 넘어서 오는 사람은 한 명도 보지 못했다. 그들의 회사가 알아서 할 일이겠지만 놀랍기는 하다. 대부분 증권사나 자산운용사 직원일 텐데 대체 언제 출근해서 언제 퇴근하는 건지 궁금하다.

운동을 한 사람들은 점심을 어떻게 해결할까. 나는 삼성증권, 씨티은행, 씨티증권에 있을 때 대부분 점심을 혼자 먹거나 도시락으로 해결했다. 회사를 다니지 않지만 가끔 점심 약속이 생기면 하루가 바쁘다. 한 시간이 넘도록 점심을 먹으면 도대체 일은 언제 할 수 있을까. 한국 시장은 9시부터 3시까지 열리니까 11시 반에 나가서 1시까지 점심시간을 가지면 사실상 네 시간 반밖에 일하지 않는 셈이다. 아마 나는 관리하는 자산이 상당히 많아지더라도 어지간하면 혼자 일하게 될 것 같다.

12.
10.

좋은 에세이를 쓰는 건 어렵다. 지나친 자의식과 어울리지 않는 가벼운 일상, 솔직함이라고는 찾아보기 어려운 멋스럽기만 한 문장, 근거 없는 우울과 대상 없는 고독은 좋은 에세이를 쓰는 데 독이다. 무라카미 하루키와 무라카미 류는 그런 면에서 아주 예외적인 에세이스트다. 힘이 들어가려면 마루야마 겐지 정도로 어깨에 힘을 넣어야 한다.

12.
13.

1.
당신이 사랑하는 사람이 당신을 사랑하지 않을 수도 있다. 상대의 인품이 훌륭하고 능력이 뛰어날수록 당신이 사랑받을 가능성은 더 낮을 것이다. 당신의 사랑이 중요한 만큼 그 사람의 사랑도 중요하니까. 하지만 형편 없는 대상을 사랑한 후 받아야 할 대접을 받지 못하는 건 당신의 문제다.

2.
그동안 씨티에서 배당금으로 받은 수표를 현금으로 바꾸려고 씨티은행을 갔더니 수표 당 수수료 8,000원을 받겠다고 해서 그냥 돌아왔다. 오늘 확인해보니 씨티 주가가 75불이다. 금융위기가 터졌을 때 저점低點이 0.9센트였으니까 그때 기준으로 보면(씨티는 2011년 주식 수를 10분의 1로 줄여 주가를 10배로 높이는 액면병합 reverse stock split을 했다) 일곱 배가 넘게 올랐다. 하지만 금융위기가 터지기 직전 주가는 대략 450불. 여전히 20퍼센트도 안 된다. 누군가는 금융위기 때 씨티와 골드만 삭스 주식을 샀다. 워런 버핏이었나. 누군가에게 절대절명의 위기는 누군가에게 절호의 기회다.

12.
14.

대학원을 다닐 때니까 거의 20년 전 일이다. 티눈이 심해 연대 세브란스 피부과를 간 적이 있다. 예약을 했지만 역시 한 시간 가까이 기다리자 마구 짜증이 나고 있었는데, 내 앞에 앉은 분은 자신의 차례를 조용히 기다리고 있었다. 어디서 많이 본 것 같은 얼굴인데 기억은 나지 않았다. 한참 후에야 간호사가 나와 "허영 님, 들어오세요"라고 말했다. 허영 교수는 당시 연대 법대에서 가장 명망이 높던 한국 최고의 헌법학자였다. 마음만 먹으면 피부과 예약 같은 건 '하이패스'였을 것이다. 허영 교수가 한 시간이나 진료를 기다린 걸 놓고 S형과 '헌법학자가 그러지 않는 게 이상한 건데, 그러지 않은 허영 교수를 신기하게 생각하는 우리가 이상한 것인가'를 놓고 한참 얘기했었다.

12.
19.

1.
전에 읽었던 김형석 선생의 에세이집《영원과 사랑의 대화》에 〈인생은 속아 사는 것일까〉라는 글이 있다. 선생은 칼 힐티Carl Hilty를 인용해 이렇게 설명한다. 인생의 석양인 노년기가 되면 누구나 셋 중 하나의 태도를 선택한다고 한다. 첫째는 생의 종말인 죽음과 허무가 가까워지자 인생의 무의미와 공허감을 절박하게 느끼고, 가족과 친구들의 죽음을 경험하며 인생은 덧없다는 것을 깨닫는 사람이다. 성공과 실패, 부귀와 빈천의 의미가 없다. 공허하기에 경험하지 못한 인생의 향락을 늦게라도 얻어보려 허덕인다. 만인의 존경을 받던 파우스트 박사가 청춘을 얻기 위해 영혼을 파는 거래를 하는 것과 같은 맥락이다. 선생 말에 의하면 이런 인생은 가련하고 서글픈 노년이며, 이렇게 생을 마감한 사람은 일생을 실패한 거다.

　두 번째는 비교적 경건하고 건실하게 인생을 살아왔고 타인의 존경을 받는 사람들로, 인생의 종말을 맞아 보다 많은 지혜와 보다 깊은 경험으로 과거를 반성하고 생의 의미를 찾는 사람들이다. 하지만 남는 것은 여전히 무의미와 공허감뿐이다. "알렉산더도, 셰익스피어도 죽고 나니 그뿐인데 하물며 우리 같은 존재의 죽음이란 무엇일까"라고 탄식한다. 지금 이 시대라면 저 이름을 스티브 잡스로 대체해도 되겠다. 어쨌든 심한 고독과 뼈저린 허무감에 빠진다. 그래서 존경의 대상이었던 과거를 회상하고 벗과 후배들에게 과거의 업적을 들추어 보여준다. 이런 행위는 자신에게 위안이 되고 듣는 이들에게는 일정 부분 도움과 교훈이 된다. 김형석 선생은 그래봤자 좋은 의미의 위선이며, 자신의 명성을 더럽히지 않으려는 조심성과 의무감일 뿐이라고 한다.

　선생은 마지막 유형으로 죽음이 눈앞에 올 때까지 젊은이 같은 신념과 희망을 가진 채 꾸준히 일하는 인간을 제시한다. 노년기에 이를수록 더 성스러워지고 인생의 의미를 깊이 발견하는 사람이다. 뭐라도 하나 더 남겨주기 위해 노력하며 노년을 보내는 것이다. 선생은 이런 노년을 보낼 수 있는 사람은 종교와 신앙 그리고 내세관을 가진 사람이라고 말한다. 선생의 주장에 의하면, 노년기의 환경과 조건은 종교적 신념으로 채워지는 때여야 한다.

2.

김형석 선생의 말처럼 언젠가 직면할 죽음의 문제가 종교에 귀의하는 걸로 산뜻하게 해결되면 좋겠지만 현실의 종교는 그렇게 아름답지만은 않다. 종교의 절대적 가치는 현실의 비루함과 다르다 말하면 그만이지만, 그렇게 칼로 자르듯 둘로 나눌 수 있다면 죽음에 대한 공포와 허무함도 가질 이유가 없을 것이다.

J. D. 밴스가 쓴 《힐빌리의 노래》에 흥미로운 대목이 나온다. 밴스는 소위 '러스트 벨트'의 전형적인 밑바닥 백인 출신이다. 그는 부모의 이혼, 가난, 실업, 폭력 등 밑바닥 백인 노동자 계층이 겪을 만한 부정적 환경을 모두 경험한다. 고등학교를 중퇴할 뻔했다 학업을 마치고, 고만고만한 대학에 입학 허가를 받았다. 그의 인생은 해병대에 입대한 후 달라진다. 소위 절제와 정직이 가진 가치를 발견하게 되는 것이다. 그래서 예일대 법대 대학원에 합격하고 꽤 유명한 변호사가 된다.

흥미로운 부분은 그가 할아버지의 죽음과 (약물 중독자이자 재혼과 이혼을 계속 반복하는) 엄마의 재혼 때문에 생물학적 아버지의 집에서 지냈던 시절이다. 그의 생물학적 아버지는 온순한 성품으로, 재혼한 여자와 평화롭게 살고 있었다. 그는 자신을 버렸던 아버지가 실은 자신을 사랑한다는 사실에 감동받는다. 유일한 문제는 아버지가 너무나 신실한 복음주의 기독교인이었다는 것뿐이다. 어린 밴스는 처음에는 그 집안에 가득한 복음주의 기독교의 분위기에 편안함을 느끼지만, 곧 아버지를 비롯한 교회가 너무나 많은 것을 알지도 못한 채 재단한다는 것을 깨닫고 실망한다. 예컨대 밴드 음악, 카드 게임, 그리고 현대과학 같은 것.

아빠는 내 음악 취향인 클래식 록, 특히 레드 제플린의 음악이 마음에 들지 않는다고 딱 잘라 말했다. 그렇다고 내게 무섭게 굴지는 않았다. 아빠는 그런 성격이 아니었다. 내가 가장 좋아하는 밴드의 음악을 듣지 말라고 하지도 않았다. 그저 내게 클래식 록 말고 기독교 록 음악을 들으라고 조언했을 뿐이다.

밴스는 아빠를 떠나 외할머니와 함께 살게 된다. 나는 이 글을 읽고 기독교 록 음악만 듣고 평화로운 얼굴로 인생의 석양을 바라보는 것이 과연 가능한 건지에 대해 꽤 오래 생각했던 것 같다.

3.

예전에 〈아침마당〉에서 엄앵란 씨가 맞벌이를 하고 있다는 여성에게 "집에서 살림이나 해. 맞벌이 해봤자 쓰는 게 많아서 저금도 못해"라고 말한 적이 있다. 방청객 대부분이 엄앵란의 말에 동의했는데 패널 중 한 명이었던 진미령 씨가 자신은 동의하지 않는다며 이렇게 말했던 것 같다.

"많이 벌어서 많이 썼다면 저금하지 않아도 좋았던 거 아닌가요? 저금은 언젠가 쓰려고 하는 건데 많이 저금하지 못한 이유가 많이 썼기 때문이라면, 그건 나쁜 게 아니라 좋은 거죠."

상식적인 진미령 씨의 말이 인상 깊었던 이유는 인생 혹은 과거를 평가하는 우리의 관점도 진미령이 아니라 엄앵란 식인 경우가 많아서다.

12.
23.

1.
얼마 전 친한 후배 K와 지인 2명과 함께 가진 송년회에서 K가 말했다.

"형을 지금 만난다면 그때처럼 친해지긴 어려울 것 같아요."

그 말의 무게가 꽤 무거워서 오랫동안 생각했다. 지금 친한 누군가와 예전이 아닌 지금 만난다면 과연 전처럼 똑같이 친해질 수 있을까? 인간의 현재는 과거와 같아질 수 없다. 현재를 전제로 한 선택은 미래에는 분명히 다른 선택을 낳을 수밖에 없다. 같은 선택이란 결국 같은 시간을 전제로 한 것일 뿐이다. 인간의 선택은 1분, 10분, 한 시간 후의 새로운 정보로 완전히 달라질 수도 있다. 수능 점수를 알기 전과 후의 대학 선택이 같을 수 없는 것과 같다.

사실 나는 내가 미숙했음에도 불구하고 지금의 친구들과 깊은 우정을 맺은 것이 신기하다고 자주 생각한다. 누군가와 같이 성장한다는 건 멋진 일이다.

2.
둘째에게 원인을 알 수 없는 알레르기가 생겼다. 왼쪽 눈에서 눈물이 주룩주룩 흐른다. 눈이 퉁퉁 부을 정도로 심해 어제는 조퇴를 했고, 오늘은 주사를 맞고 약도 먹었다. 눈이 퉁퉁 부은 아들을 보다 공기청정기를 주문해버렸다. 쿠팡의 로켓 배송 덕에 내일 상품이 도착할 예정이다. 시카고 피자를 먹고 싶다고 노래를 부르는 둘째 때문에 이태원에 갔다 왔는데 공기가 겨울답지 않게 약간 습하면서 더러웠다. 거리는 젊은 친구들로 인산인해다. 미세먼지가 많은 날엔 결막염 환자도 엄청나게 많아진다는데, 역시 젊음은 미세먼지 따위에 굴하지 않는다.

3.
멋있게 할 수 없다면 때로는 가만히 있는 게 나을 때도 있다.

4.
마리아 수녀회 수녀들을 다룬 〈KBS〉 다큐멘터리를 보았다. 버려진 아이들의 엄마가 된 수녀님들의 얼굴은 왜 그렇게 다들 밝고 행복해 보이는 걸까. 참 놀랍다.

이제 머리가 하얗게 센 아저씨 한 분이 엄마라고 불렀던 수녀님을 찾아와, "어렸을 때는 버려진 게 너무 서럽고 분했는데 커서 결혼을 하고 아이를 낳아보니 내가 얼마나 행운아였는지 알겠더라"고 말하는 장면과, 30대로 보이는 여자분이 아장아장 걷는 딸과 함께 엄마 수녀를 찾아와 울면서 "수녀님에게 정말 고맙고 수녀님이 고생하는 게 너무 안됐다"고 말하던 장면이 기억에 남는다. "행복하세요?"라고 묻는 카메라를 향해 "제 얼굴은 어떻게 보여요?"라며 활짝 웃던 수녀님의 얼굴은 정말 행복해 보였다.

나는 욕망을 버리기 위해 용맹정진하는 것과 욕망을 이루기 위해 악전고투하는 것 중 후자가 더 쉽고 의미 있으며 사회를 위해 도움이 된다고 생각하는 세속적인 인간이다. 오늘 본 수녀님들의 모습은 많은 생각을 하게 한다.

메리 크리스마스.

12.
25.

이틀 전에 저녁을 먹으러 이태원에 갔다. 좁은 비탈길이었는데, 우리가 탄 택시와 언덕 아래에서 올라오던 아우디가 마주보고 서게 됐다. 하행차선이 우선인 상황이었지만 아우디에 탄 젊은이는 눈을 부라리며 비켜줄 생각을 하지 않았다. 결국 나이 든 택시 기사가 후진으로 차를 돌렸다. 좁은 비탈길에서 차들이 마주쳤다면 내려오는 차가 우선이다. 하지만 내려오는 차는 비었고 올라오는 차에 승객이 있다면 올라오는 차가 우선이다.

초록불인 횡단보도에서 우회전을 하라고 빵빵거리는 차가 많은데 가는 건 불법이 아니지만 가다가 사고를 내면 운전자 과실이다. 불법 여부는 도로교통법을 따르고 사고가 나면 대법원 판례를 따른다. 가라고 빵빵거려도 안 가는 건 내 선택이라 타인이 뭐라고 할 수 없다. 나는 그럴 때 내려서 "우회전을 해도 도로교통법상 위반은 아니지만 대법원 판례상 사고가 나면 모두 내 과실이다. 나는 그런 불필요한 위험을 감당할 생각이 없으니 빨리 가고 싶으면 빵빵거리지 말고 당신이 차선을 변경해서 가라"고 말한 적이 몇 번 있는데 그렇게 말하면 모두 "알겠다"고 하거나 "죄송하다"고 하지 화를 내는 사람은 (다행히 아직까지는) 없었다.

 사이가 좋을 때 애인의 모습은 사실 애인의 내면 혹은 진짜 모습을 파악하는 데 거의 도움이 되지 않는다. 화가 났을 때의 모습, 곤란한 상황에 처했을 때의 모습, 다시 만날 일 없는 약자를 대하는 모습이 진짜 정보고 내면이다. 그걸 무시한다면 그게 바로 당신의 내면이다.

12.
26.

세상에서 가장 설득하기 힘든 존재는 가족인 것 같다. 상당히 치밀한 논리를 제시해도 인정하지 않는다. 무엇보다 설득 자체를 필요로 하지 않는다. 잘 생각해보면 다른 사람의 의견을 구하는 사람 자체가 많지 않다. 그게 무엇이든 상관없이.

12.
27.

어제 송년회 모임에서 "때로는 황금알을 낳는 거위도 역사적 소임을 위해 죽여야 할 때가 있다고 생각하는 게 혁명가의 사고방식"이라고 말했더니 주위가 숙연해졌다.

12.
31.

1.
얼마 전 후배 K가 "형은 남의 말을 잘 안 듣잖아요"라고 말해서 "나는 내 유일한 장점이 다른 사람의 말을 잘 듣는 거라고 생각해"라고 말한 뒤 덧붙였다. "아마 너는 내가 누군가와 가열차게 토론하는 걸 보고 그렇게 생각하는 모양이지만 나는 상대의 말을 들을지 결정하기 위해 격렬하게 논쟁하는 거야"라고 답했다.

성공하는 사람은 다른 사람의 말을 듣는다. 문제는 누구의 말을 듣느냐다. 모두의 말을 듣는 건 누구의 말도 듣지 않는 거나 마찬가지다. 그래서 논쟁과 토론을 두려워하면 안 된다. 당신이 논쟁하고 토론할 수 없는 사람이라면 당신을 신뢰할 수는 있어도 신용할 수는 없다. 신용할 수 없는 사람과 가족이나 친구가 될 수는 있어도, 삶에서 일정 역할을 하는 선수로 기용할 수는 없다.

2.

In the right light, at the right time, everything is extraordinary.

Aaron Rose

2018년

01.
01.

월요일인데 시장이 안 열리다니. 마음이 흐뭇하다.

01.
02.

아내가 일하지 않고 집에서 아이들을 돌보겠다고 하면 가장 반대할 게 아들들이다. 엄마와 아들 사이는 물리적으로 가까울수록 심리적으로 멀어지는 경향이 있다.

01.
12.

1.

 금호 초청으로 피아니스트 조성진이 금호 음악인상을 받는 연대 금호아트홀에 갔다. 상금 2천만 원과 2년 동안 원하는 만큼 비즈니스 클래스를 이용할 수 있는 상품(와우!)이 있는 음악인상 수상이 끝나고 조성진이 기념 공연으로 드뷔시와 쇼팽의 소나타 3번을 연주했다. 연주가 끝나고 리셉션이 있었는데 조성진에 대한 관객들의 환호가 록 스타를 대하는 것 같았다.
 조성진은 어렸을 때부터 대가의 풍모가 있었기에 오늘의 완벽한 연주를 보고도 놀랍지는 않았지만 이런 흠잡을 수 없는 쇼팽을 들으면 만감이 교차하며 슬퍼진다. 금호재단은 한국 클래식의 한류 열풍을 만든 장본인이고 사실상 한국 클래식계의 SM엔터테인먼트라고 해도 과언이 아니지만, 후원의 장본인인 박성용 회장은 이미 10년도 더 전에 죽고 없다. 남은 사람들이 그를 음악으로 추모하는 건 멋있는 일이지만 그것도 어디까지나 살아 있는 자의 감상일 뿐이다.

쇼팽의 곡들은 감정의 층위가 분명하고 또 그 감정들은 평소에 익숙하지 않은 깊은 슬픔, 타오르는 열정, 차가운 고독, 조용한 서정과 같은 것들로 이뤄진 것이다. 드라마틱하지만 그만큼 어색하기도 하다. 그 감정 가운데서 죽음을 떠올리지 않기가, 죽은 자들을 그리워하지 않기가 어려운 나이가 됐다.

오늘 공연에서 조성진은 피아노와 거의 한 몸 같았다. 다른 연주자들은 내본 적 없는 소리를 내고 있는 것이다. 소리만 놓고 본다면 조성진은 세계에서 피아노를 자유자재로 다루는 사람 중 하나일 것이다. 이런 음악을 듣는 건 호사다. 아주 훌륭한 호사. 그런데 슬프다. 이 슬픔의 이유는 말을 하거나 글로 쓰고 나면 휘발돼 버릴 것이다.

2.

오프라인 미팅에 오시는 블로그 회원분들 중에는 내성적인 분도, 다른 분과 어울리기가 어려운 분도 있을 거라고 생각한다. 그래서 다른 분들이 오기 전 혼자 좌석에 앉아 조용히 계신 분을 보면 가끔은 내가 안절부절못하기도 한다. 이기기 힘든 어색함에도 불구하고 자리를 찾은 분들은 나를 보기 위해 오신 걸 텐데 그분들과 일일이 대화를 나누기 어려운 게 현실이라 과연 어떤 내용을 전달하면 도움이 될지 고심하게 된다. 때로는 온라인에서도 충분할 것을 오프라인에서 괜한 짓을 하고 있는 것이 아닌가 싶을 때도 있다. 나는 가격보다 훨씬 높은 가치를 제공하고 있다고 믿지만 그건 나의 착각일지도 모른다.

오늘 지인 두 명에게 "내가 돈을 정말로 많이 벌면 블로그를 그만두게 될까?"라고 물었더니 두 사람 모두 "넌 아무리 돈을 많이 벌어도 블로그는 계속할걸"이라고 말해줬다. 과연 그럴까.

01.
18.

일본인이 쓴 책 중에는 황당하지만 대단한 책이 가끔 있다.《청소력》(나무한그루, 2007)이란 책이 그런 책이다. 내용은 별거 없다. 청소를 하면 청소력이 생기고 청소력이 생긴 사람은 무엇이든 할 수 있다는 것이다. 청소는 시작하는 것의 은유라고 생각한다. 시작하는 사람이 위대한 사람이란 뜻일 것이다.

01.
23.

나는 미국인들이 왜 그렇게 스포츠에 미치는지 이해할 수 있다. 나도 스포츠를 너무나 좋아하니까. 그런데 스포츠 선수들이 대학에 들어가면 우대하고 심지어 장학금도 마구 주는 건 이해하기 어려웠다. 학교간 경쟁이라고 보기에는 도가 지나친 것 같았다. 마이클 조던이나 타이거 우즈가 웬만한 기업 이상의 매출을 올리는 것도 마찬가지였다.

그런데 필 나이트Phil Knight의 《슈독: 나이키 창업자 필 나이트 자서전》(사회평론, 2016)을 읽고 나니 조금 이해가 가는 것 같기도 하다. 그리고 최근에 복싱을 하며 더 이해가 가기 시작했다. 인생을 다 살아보지 않았지만 다 살아본 것 같은 느낌이 들기도 한다. 스포츠는 인생의 축약판이고 전쟁을 대신 경험하는 것이다. 그곳에는 온갖 스토리텔링이 있다.

"시작하지 않으면 시작되지 않는다"는 말은 니체가 한 말로 되어 있지만 실은 니체의 《인간적인 너무나 인간적인》(1983)에 등장하는 "모든 시작에는 위험이 따른다Aller Anfang ist Gefahr"라는 말을 어느 일본인이 바꾼 것이다. 니체의 말도, 일본인이 바꾼 말도 모두 근사하다고 생각한다. 이승엽이 언젠가 인용했던 말 같기도 하다.

이승엽 얘기를 하니 생각나는 게 있다. 이승엽이 삼진을 먹고 슬럼프에 빠져 머리를 싸매고 더그아웃에 있었는데 일본인 코치가 "그렇게 생각할 겨를 있으면 나가서 배트 한번 더 휘두르고 연습을 하라"고 했다고 한다. 그는 그 말을 가슴에 새기고 더 연습했다. 까칠하게 들릴 수 있는 그 말을 듣고 기분 나빠했다면 오늘날의 이승엽이 있을 리 없다.

얼마 전 읽다 만 책 중에 《힘 빼기의 기술》(시공사, 2017)이란 책이 있다. 카피라이터 김하나가 쓴 책인데 '인생 뭐 별거 있냐, 힘 빼고 살자'는 게 주 내용이다. 처음에 수영장 얘기가 나온다. 수영에서도 힘 빼는 게 어렵다는 것이다. 모든 운동은 힘을 빼야 한다. 힘을 빼야 속도를 낼 수 있어서다. 에너지는 질량보다 속도에 더 영향을 받는다. 그렇기에 힘을 빼는 걸로 그치면 공이든 상대든 강하게 때릴 수 없다. 힘을 빼고 속도를 확보해야 홈런과 강한 카운터가 나오는 것이다. 골프, 테니스, 야구, 복싱 같은 스포츠의 기본 원리는 강한 하체로 단단하게 지지하고 허리와 골반이 먼저 돈 뒤 어깨와 팔이 부드럽고 빠르게 회전하는 것이다. 사실 말이 쉽지, 이렇게 힘이 빠지는 건 무수한 운동과 실전 경험이 아니면 불가능하다. 잘 훈련된 복싱 선수조차 상대가 눈앞에 있으면 세게 때리기 위해 어깨와 팔에 힘이 들어간다. 그래서 복서는 늘 어깨에 힘을 빼려 노력한다.

어제 정현의 경기를 조금 보았다. 테니스는 어마어마한 우승 상금이 달린 스포츠다. 20대와 30대 초반까지 테니스를 많이 즐겼다. 20대 초반에 친했던 친구가 카투사라 밤마다 용산에 가서 테니스를 쳤다. 미국에 있을 때는 주말마다 테니스를 쳤다. 아파트마다 테니스장이 있었고 학교에도 언제든 쓸 수 있는 실내·외 테니스 코트가 있었다. 한국에 오니 칠만한 장소도, 사람도 마땅치 않았다. 테니스장이 있던 곳들은 차례로 없어졌다. 나이가 드니 폼도 나빠지고 이래저래 테니스보다는 골프로 사람들과 어울리게 됐다. 미국에서는 골프보다 테니스가 훨씬 더 호사스러운 스포츠다. 중독성이 심하고 특히 배우기가 쉽지 않아서다.

한국은 레슨비가 저렴해서 운동을 배우기는 좋지만 즐기기는 참 어려운 나라다. 한국 재정정책의 포커스는 스포츠 투자에 과감하게 맞춰질 필요가 있다. 선진국은 대부분 생활체육 강국이다.

01.
28.

멜론 스트리밍 서비스를 이용하는 대가로 매달 만 원 정도를 내는데, 듣기 어려운 노래들도 다 들어볼 수 있는 재미가 있다. 오늘은 김광석 노래를 피아노로 연주한 앨범을 들었다. 김광석 노래를 듣기엔 너무 과하다고 느껴지는 날, 일하면서 듣기에 나쁘지 않았다. 과연 어떤 사람이 그리고 어떤 마음으로 연주했을까 궁금했으나 호기심을 참고 일을 했다. 내 귀에는 김광석 노래가 명곡이지만, 그건 그저 세월(그다지 빛날 것 없던 20대)을 함께해서일 것이다. 아내는 나보다 학번으로 치면 3년, 나이로 치면 네 살밖에 차이가 나지 않는데 나와 이런 종류의 감성은 공유할 수가 없다.

내 아이들의 영혼을 흔드는 음악은 무엇일까 문득 생각해봤는데, "왜 꼭 영혼이 흔들려야 하나요? 꼰대들처럼"이라고 말할 것만 같다.

02.
02.

황제도시락을 다룬 〈조선일보〉 기사의 의도는 다소 악의적인 구석이 있다. 하지만 96,000원짜리 도시락 200개를 주문하면 조선호텔이 50~60퍼센트 정도 깎아준다는 청와대의 해명은 해명을 하지 않은 것만 못했다. 비싼 걸 먹었다는 비판을 듣는 게 갑질을 한 사실이 알려지는 것보다는 낫지 않았을까.

02.
04.

장염으로 병원에 입원한 둘째를 두고 병원 근처에서 첫째와 점심을 먹었다.

나　자신감과 자존감은 어떻게 다를까?

아들　자신감은 때와 장소에 따라 다를 수 있고 자존감은 그렇지 않죠.

나　무슨 뜻이지?

아들　자신감은 어떤 걸 잘할 때 생길 수 있어요. 수학을 잘하면 수학에 자신감이 있고 게임을 잘하면 게임에 자신감이 있죠. 하지만 자존감은 스스로 가지는 거잖아요. 수학에는 자신이 없지만 영어에 자신이 있으면 자존감을 가질 수도 있고, 영어에 자신이 없어도 게임을 잘하면 자존감을 가질 수 있죠.

나 자신감은 대상이 있어야 하지만 자존감은 돌려막기를 할 수 있구나?

아들 그렇죠.

나 자신감을 가지려면 그걸 열심히 하면 되는 것 같은데, 그럼 자존감은 어떻게 가질 수 있니?

아들 그런데 자존감은 그냥 타고나는 것 같아요. 근거 없이 허세 있는 애들을 보면.

나 무슨 뜻이니?

아들 난 안 해서 그렇지, 하기만 하면 잘할 거야. 이렇게 생각하는 애들이 있어요.

나 안 해봤으니까 그게 얼마나 힘든지 몰라서 그런 거 아닐까?

아들 그렇죠.

나 너는 안 그래? 네 이야기 아냐?

아들 저도 그런 부분이 있긴 하지만 전 일단 하면 대개 잘하는 편이죠. 객관적으로.

나 얼마 전에 체육관에서 만난 5학년 아이한테 '너 권투하는 걸 보니 뭘 해도 잘하겠다'고 했더니 엄청 기뻐하더라.

아들 그렇겠죠. 특히 잘 모르는 사람이 그렇게 말해주면 엄청 힘이 나죠.

나 너도 비슷한 경험이 있니?

아들 있죠.

나 언제 어디서?

아들 잘 기억은 안 나는데 있어요.

나 왜 그런 칭찬을 들은 건데?

아들 제가 진짜로 잘했거든요. 대답을 잘했거나 뭘 잘 그렸거나 그랬겠죠.

나 그런 칭찬을 부모가 하는 건 별로 소용이 없지?

아들 없죠.

나 그런데 이건 다른 얘긴데 둘째는 너무 착하지 않냐?

아들 착하죠. 착하다기보다 호구에 가깝죠.

나 둘째가 인간성이 별로였으면 어땠을 것 같냐?

아들 그럼 아마 제가 지금보다 훨씬 못된 놈이었을 것 같아요.

나 왜?

아들 걔랑 계속 싸우고 경쟁해야 했을 테니까요.

02.
06.

<u>1.</u>
액땜이란 말 대단하다. 정신승리의 힘이 있다. 하지만 나는 물질승리를 하고 싶다.

<u>2.</u>
정치든 문학이든 세상을 젊은 친구들로 싹 갈아버렸으면 좋겠다.

02.
08.

1.
〈12 솔져스〉라는 제목으로 개봉한 〈12 Strong〉을 아이맥스로 봤는데 딱 예상만큼 괜찮다. 잘 만든 전쟁 혹은 전투 영화를 좋아하는데 잘 훈련된 인간이 한계 상황에서 어떻게 반응하는지 관찰하는 것이 트레이더에게는 많은 도움이 돼서다. 국민안전처를 만들 때 왜 자꾸 군인들을 책임자로 임명하는 거냐며 반대하는 글들이 있었는데, 위험과 편익에 대해 유일하게 잘 훈련받은 사람들은 (안타깝게도) 군인들뿐이다.

영화에서 특전단 다섯 개(그린베레)가 특수임무를 받고 떠날 준비를 한다. 그중 한 팀을 고르는 방법이 인터뷰다. 작전을 설명해준 뒤 가장 이해도가 높은 팀을 보낸다. 파견이 확정된 팀은 환호한다. 사실 죽으러 가는 것과 마찬가지인데 말이다. 그 모습을 보면서 참 많은 생각을 했다. 인센티브 디자인을 어떻게 하면 이렇게 강한 군대를 만들 수 있는가.

미국 영화에서는 낙오자 한 명이 생기면 그를 구하기 위해 대원 열 명을 파견한다. 그러다 열 명이 죽을 가능성이 높아도 보낸다. 어떻게 보면 참 어리석은 결정 같지만 그런 시스템이 없다면 국가와 조직을 위해 아무도 목숨을 걸지 않을 것이다. 나를 구하러 오지 않는데 왜 내가 남을 구하러 가겠는가. 스티븐 스필버그의 〈라이언 일병 구하기〉는 그런 시스템에 관한 이야기다.

노동시장 개혁은 국민을 전장에 보내는 것과 같을 수 있다. 이런 임무를 위해서는 낙오될 경우 구출해주겠다는 국가의 약속과 국민의 믿음이 중요하다. 그게 바로 사회안전망이다. 잘 짜인 임무와 구조 시스템이 어우러지지 않으면 국민은 싸우러 가지 않고 국가는 망하게 된다.

2.

〈12 Strong〉에서 한 상관이 파견이 확정된 미치 넬슨(크리스 헴스워스)에게 "싸우는 자에게 가장 필요한 것은 싸우는 이유"라고 말하며 파손된 9.11 현장 철근 골조 일부를 주는 장면이 있다. 클리셰 같지만 그래도 멋진 말이라고 생각했다.

02.
11.

1.
김여정 방문을 백두혈통의 첫 남한 방문이라고 보도한 〈MBC〉를 보고 재미있다는 생각을 했다. 나는 무학혈통인가, 용산혈통인가.

2.
정신승리보다는 물질승리를 믿는다. 명상과 기도의 에너지를 믿지만 동시에 여행과 쇼핑의 힐링을 믿는다. 내가 아직 경험하지 못한 건 500만 원짜리 스위트룸에서 100만 원짜리 룸서비스를 즐긴 후 파리 시내를 내려다 볼 때 밀려드는 인간의 고독이다. 그 고독이야말로 진짜 인간의 고독이 아닐까. 죽기 전에 꼭 경험해 보려 한다.

한국 문학이 도달해야 할 진짜 경지는 이런 게 아닌가 싶다. 한국 문학은 "꿈은 있지만 길은 없다"고 절규하는 시대를 산업화로 돌파할 때, 민족이나 민주주의 같은 추상적인 개념들과 함께 돌파하는 건 성공했지만, "길은 있어도 꿈은 없는" 청년들의 가슴에 불을 지르는 것에는 실패하고 있다. 문인들 스스로 길도 모르고 꿈도 몰라서다. 당연히 그다음 단계의 꿈과 길을 제시할 수가 없다. 그렇기에 인간의 진짜 고독을 이야기하는 작가(무라카미 하루키 같은)들이 재수 없고 사기꾼처럼 보이는 것이다. 내가 보기엔 그들이 무능하다.

02.
13.

실패할 수 있다. 하지만 그 실패가 원칙에 따른 것이었다면 언제든 재기할 수 있다. 그 원칙을 더 좋게 수정하면 돼서다. 1997년 금융위기를 극복한 김대중 정부가 그랬다. 그는 1987년 이전 한국을 지배하던 원칙과 그 원칙으로 돌아가던 시스템을 과감하게 버리고 새 판을 짰다.

원칙 없는 시도로 인한 실패는 수습하기 어렵다. 실패의 원인을 알기 어려워서다. 충실한 종교인이라면 종교의 가르침에 따라 신념대로 살면 된다. 그런 삶이 만족스럽지도, 성공스럽지도 않았다면 그건 종교의 문제일 것이다.

하지만 시도도 해보지 않았다면 구원 가능성은 점점 멀어질 것이다. 경제도 투자도 마찬가지다. 버핏의 투자 철학은 가치투자와 집중투자였다. 다른 사람들이 모멘텀 투자와 분산투자를 추구할 때 그는 자신의 길을 갔고 수정하지 않았다. 탁월한 성과가 모든 회의와 의심을 잠재웠다. 버핏의 위대함은 높은 수익률보다 그런 실천에 있다. 사람들 대부분은 갈팡질팡하다 죽을 뿐이다.

02.
15.

블로그에서 경제, 금융시장, 정치, 그리고 다른 (거의) 모든 것에 대해 적나라하게 말할 수 있어서 외로움을 덜 느낀다. 글과 답변 (과 비밀 댓글)을 보면 고급 독자를 유료로 확보하고 있다는 걸 알게 된다. 가끔은 깜짝 놀라기까지 한다.

벨로서티 인베스터가 아무리 큰 성공을 거뒀다 한들 이 블로그가 없었다면 고독했을 거다. 씨티에 있을 때 트레이딩이 힘들긴 했지만 재미가 있었다. 세계적인 네트워크를 가진 거대한 조직이 뒤에 있었고, 무엇보다 좋은 동료들이 있어서 외롭지 않았다. 중국 문제가 궁금하면 블룸버그 채팅방에 있는 이코노미스트와 트레이더들에게 물어볼 수 있었고 이메일로 리서치를 부탁할 곳도 많았다.

독립을 꿈꾼다면 (아마 트레이더라면 누구나 그 순간을 준비하고 있겠지만) 어떻게 시장 속 고독과 싸울지도 미리 준비해야 한다. 당신은 시장 속에 혼자 버려진다. 총알은 곧 쏟아진다.

02.
17.

영화 〈올 더 머니〉

1973년 세계 남자 중 가장 부자인 석유 재벌 폴 게티(Paul Getty, 중동의 석유를 탱크에 실어 세계로 팔아먹을 방법을 고안한 사람)의 손자가 납치된다. 유괴범이 요구하는 금액은 1,700만 달러. 폴 게티는 유괴범의 요구를 공개적으로 거부한다.

"내게는 손주 열두 명이 있다. 유괴범의 요구에 굴복하면 모두의 목숨이 위험해질 것이다."

폴 게티는 아들과 사이가 좋지 않았다. 아들은 판사의 딸과 결혼했고 이후 아버지 회사에 들어오지만 곧 술과 마약에 빠져들었다. 결국 이혼했다. 여자는 위자료도 재산 분할도 요구하지 않았다. 아이들에 대한 친권만 확보했고 약간의 양육비만 받아갔다. 위자료와 재산 분할을 최소화하기 위해 협상력을 갈고 있던 게티에게는 의외였지만 여자는 말했다.

"이런 좋은 거래는 거절하실 수 없을 겁니다. 그렇죠?"

폴 게티는 손주가 열두 명이나 있었지만 큰손자를 가장 사랑했다. 게티는 큰손자를 처음 만난 날, 11달러에 샀지만 알고 보니 120만 달러짜리였다던 로마의 유물인 작은 청동상을 선물로 준다. 그리고 이렇게 말한다.

"세상 모든 것에는 가치가 있고 중요한 것은 그것들에게 적당한 값을 매기는 것이다."

손자가 유괴당한 지 몇 달이 지났지만 협상은 진행되지 않는다. 여자는 그런 시아버지와 투쟁하지만 결국 한 푼도 얻어내지 못한다. 결국 아들이 어린 시절 받은 청동상을 소더비Sotheby's에 가져가지만 11달러짜리 기념품에 불과하다는 사실을 알고 좌절한다. 폴 게티의 유괴된 손자, 즉 여자의 아들은 도주를 시도했다 잡히고 그의 주인(납치범)은 동네 건달들에서 마피아로 바뀐다. 결국 여자는 자신의 친권을 포기하는 대신 전직 CIA 요원인 플레처 체이스(마크 월버그)의 도움을 받아 330만 불을 확보해 유괴된 아들을 구해낸다.

손자가 풀려나던 날 밤, 자다가 깬 게티는 150만 불을 주고 산 명화를 바라보면서 심장마비로 죽는다. 이 그림을 사기 전에 그는 콜렉터에게 인간과 달리 사물(작품)이 갖는 일관성에 대해 말한다. 사물은 속상하게 하는 법도 없고 치대는 법 없이 적당한 거리를 유지한다고.

OPEC의 담합으로 원유 가격이 폭등하면서 게티는 세계 최고 부자가 된다. 하지만 손자의 몸값을 지불해야 한다는 플레처 체이스의 말에 "원유 가격 폭등으로 내 자산은 가격 변화에 취약해졌어"라며 거부한다. "얼마나 더 가져야 만족을 하겠습니까?"라는 질문에 그는 "더 많이"라고 말한다. 게티는 그에게 이런 말도 남긴다. "부자가 되는 것은 쉽고, 많은 멍청이가 부자가 되지만 부자로 사는 것과 부자가 되는 것은 다른 이야기다." 거의 무한한 돈을 갖게 된 게티는 남들이 볼 수 없는 것을 봤기 때문이다. "돈의 자유를 얻으면, 그 앞에 심연이 펼쳐진다."

그는 세상 모든 속박에서 자유로워진 대신 죽을 때까지 단 하나의 속박에서 벗어나지 못했다. 바로 '죽음이라는 고독'이다. 대개의 사람들은 생존의 스트레스 때문에 죽음을 바라볼 여유를 갖지 못한다. 그것은 행복이기도 하고 굴레이기도 하다. 죽음 앞에 선 인간의 절대고독은 게티 정도의 부를 가진 사람들만이 정면에서 직시할 수 있는 순도 100퍼센트의 고독이다.

게티는 그 절대고독을 인정하지 않는다. 그가 매기는 모든 가격은 오로지 하나의 가정에서 출발한다. 자신은 영원히 살 수 있을 것이란 확신이다. 그래서 그에게 죽음이 찾아오자 승자는 폴 게티가 아닌 며느리, 게일 해리스(미셸 윌리엄스)가 된다. 친권은 포기했지만 어마어마한 상속자들의 어머니인 그는 게티의 재산으로 박물관을 세우고 자선단체에 기부한다.

게티는 상대의 진짜 가격, 진짜 속마음을 알기 위해 끊임없이 협상한다. 영화는 딱 하나를 알기 위한 과정이다. 바로 납치범들이 납득하는 최소 가격이다. 1,700만 달러라는 턱없이 높은 가격은 330만 달러까지 줄어들지만 납치된 손자는 한 쪽 귀를 잃는다. 그 과정에서 게티는 며느리에게서 손주들에 대한 친권을 빼앗는다. 엄청나게 좋은 거래를 했다고 좋아했을 게티가 생각하지 못한 것은 가격보다 더 중요한 건 시한 time이라는 인생의 진실이다. 그는 갑자기 죽어버리고, 베팅할 것은 더 이상 남아 있지 않았다. 무엇보다 그의 주위에는 아무도 없었다.

그는 자신이 부자가 되자 가족들을 통제하지 못해 그들을 망쳐버리고 말았다는 한탄을 하는데, 그 한탄은 너무나 사실이라(물론 가족뿐 아니라 자신도 망쳐버렸지만) 얼마 전 만났던 한 성공한 사업가와의 대화를 생각나게 했다.

"김 대표는 나중에 뭘 하고 싶어요?"
"전 큰 욕심이 없습니다. 자산이 커지면 여러 일을 해보고 싶을 뿐입니다. 은퇴 같은 건 할 생각이 없고요. 성과급으로 보너스를 많이 받고 제가 원하는 사무실에서 제가 하고 싶은 일을 계속 할 수 있다면 만족입니다."
 "그렇군요. 하지만 그게 무엇이든 김 대표 마음대로 되지는 않을 겁니다."
 "그렇겠죠."
 "그건 애초에 목표한 것과 내 꿈이 다른 형태로 흘러갈 수 있다는 것과는 조금 다른 이야기입니다. 제가 사업을 시작할 때는 나름의 목표가 있었습니다. 돈 자체에 매몰될 생각이 없었고 사업 자체를 무한정 키울 생각도 없었습니다. 하지만 사업이 성공한 후 깨달았습니다. 내 꿈은 결코 내가 원하는 대로 이뤄지지 않을 거란 걸요."
 "그만큼 사업이 어렵다는 뜻인가요?"
 "아닙니다. 사업은 사업 나름의 어려움이 있습니다. 하지만 사업의 변수들은 대개 내 머릿속에서 통제됩니다. 때로 그 변수는 다룰 수 있기도 하고 다룰 수 없을 수도 있습니다. 만약 환율이 예상과 다르게 흘러간다면 당혹스럽긴 하지만 그 당혹스러움은 이미 경험한 것이고 예측 불가능하지도 않습니다. 어차피 예측할 수 없다는 걸 이미 예측하고 있습니다."
 "그럼 어떤 뜻인가요?"
 "가족이요. 가족이야말로 통제할 수 없는 변수입니다."
 "알 듯 모를 듯하네요."
 "어느 정도 원하는 사업 목표를 이루기 전부터 일정한 수준에

도달하면 사업을 정리하고 은퇴하려는 계획을 갖고 있었습니다. 하지만 원하는 목표를 이뤘을 때 깨달은 건 가족들도 각자 나름의 목표를 갖고 있다는 거였어요. 사업이 일정한 궤도에 올라서면 아이들은 더 이상 열심히 공부하지 않습니다. 조금만 노력하면 훌륭한 대학에 갈 만큼 좋은 머리를 갖고 있는 것 같은데도요. 변호사인 아내도 더 이상 일을 하지 않습니다."

"죄송하지만 그건 성공한 사업가에게는 흔하고 진부한 이야기 아닐까요?"

"그럴지도 모르겠습니다. 제가 이야기하고 싶은 건 그런 일이 벌어진다는 걸 저도 김 대표도 진심으로 예상하지 못한다는 겁니다. 인간은 모두 자신의 꿈에만 집중해서 다른 사람의 꿈 따위는 신경 쓰지 않으니까요. 자신의 목표를 이루고 이제 진짜 꿈을 실현하고 싶어질 때 비로소 깨닫게 됩니다. 가족들은 나를 통해 이루고 싶은 자신들만의 꿈을 갖고 있었다는 사실을. 그리고 그 꿈들이 견고하게 존재하는 한 제 꿈은 절대로 제가 원하는 방식으로 움직일 수 없습니다."

"만약 제가 원하는 보너스를 받고 원하는 건물을 사무실로 얻는 순간 제 가족들도 그렇게 바뀔까요? 그건 다른 부자들에 비하면 그렇게 많은 보너스가 아니고 그 건물은 제 건물도 아닌데요?"

"물론입니다. 장담할 수 있습니다."

〈올 더 머니〉는 세상의 빛과 그림자가 다 들어 있는 영화다. 누군가는 빛이 들어올 수 있는 틈을 바라보고 있고, 누군가는 그 틈에 갇혀 있으며 누군가는 빛을 향해 나아간다.

02.
18.

__1.__
오르한 파묵은 "글을 쓰는 공간은 잠을 자거나 배우자와 공유하는 공간과 분리되어야 한다"고 생각했다. "집안에서 벌어지는 여러 가지 의식이나 세부적인 일들이 상상력을 죽인다"는 이유에서였다. 나는 멋진 서재와 끝내주는 트레이딩 룸의 로망을 여전히 갖고 있다.

__2.__
연극 연출가 이윤택에 관한 피해자들의 고발을 보면서 내가 도제 관계에 대해 근본적인 거부감을 넘어 공포감을 갖고 있다는 걸 깨달았다. 금융시장의 좋은 점은 철저히 성과로 평가할 수 있고 늘 계약에 기초한다는 것이다. 나는 젊은 트레이더들이 나보다 훨씬 뛰어날 수 있다는 점을 잘 알고 있다. 그들이 나의 스승이 되지 못할 이유가 없다. 동시에 아흔이 넘은 소로스와 버핏이 얼마나 뛰어난 판단 능력을 유지하고 있는지도 알고 있다. 부러울 뿐이다.

3.
죽을 때까지 일하고 싶은 이유는 일을 그만두게 됐을 때 느끼게 될 소외감과 고독이 무섭기 때문이다. 〈올 더 머니〉의 폴 게티가 저질렀던 오류를 빌 게이츠나 워런 버핏이나 조지 소로스는 피해 간다. 그들은 자신이 영원히 살 것이란 환상을 갖고 있지 않다. 죽을 때까지 일하면서 자신이 죽지 않으리라는 환상 따위를 갖지 않는 것. 정말 똑똑한 사람들이라고 생각한다.

필립 로스는 "인생은 길고 예술은 더 짧다"고 했다. 제일 긴 것은 자신의 인생이지 예술이 아니다.

4.
목적 없는 독서에 대한 판타지를 갖고 있지만 그게 환상이란 것도 잘 알고 있다. 대개 목적 없는 독서는 매우 고통스럽다. 그 정도로 좋은 책은 별로 없어서다.

5.

이상화가 500미터에서 은메달을 땄다. 자신을 저렇게 연소한 사람에게 어떤 아쉬움이 있을지 잘 가늠하지 못하겠다. 나 역시 운동을 좋아해 많은 운동을 했지만 대회에 나가는 건 다른 이야기였던 것 같다. 테니스를 좋아했지만 막상 대회에 출전했더니 서브가 잘 들어가지 않았다. 한줌도 안 되는 관객의 시선을 너무나 많이 느꼈다. 얼마 전 스파링을 했을 때도 역시 비슷한 느낌을 받았다. 링 위에 올라갔더니 연습했던 게 별로 소용이 없었다. 링은 도망갈 데가 없다. 막막한 감정과 함께 나는 아마추어라는 사실을 뼈저리게 느꼈다.

예전에 트레이딩을 거의 처음 할 때 비슷한 감정을 느낀 적이 있다. 트레이딩을 처음 시작하고 2주 동안은 트레이딩에 타고난 줄 알았는데 (2주 동안 하루도 안 빠지고 매일 스캘핑으로 돈을 벌었다) 얼마 지나지 않아 정반대의 감정을 느꼈다. 나 같은 사람이 바로 시장의 밥이구나. 나는 아직 아마추어구나. 비참했다. 그런 감정을 다시는 느끼고 싶지 않다.

지금까지 평창 올림픽에서 가장 인상적인 순간은 은메달을 딴 이상화와 금메달을 딴 고다이라 나오 小平 奈緒가 서로를 안고 격려하는 장면이었다. 가장 높은 자리를 놓고 경쟁했지만 결과에 상관없이 상대를 존경하는 품격을 가진 인간들의 우정을 느꼈다.

나 같은 평범한 사람으로서는 스포츠의 세계가 아니면 경험해볼 길이 별로 없다.

6.
어렸을 때 부모님은 내게 누구에게도 돈을 빌리지 말고 아무에게도 돈을 빌려주지 말라고 했다. 하지만 인생이란 어떤 친구에게 내가 돈을 빌릴 수 있고 어떤 친구에게 선뜻 빌려줄 것인지 선택하는 과정에 지나지 않았다.

커트 보니것의 이 말이 생각나는 밤.

02.
22.

　어떤 작가가 한국의 높은 교육열을 비웃는 칼럼을 썼다. 흥선대원군이 서원을 혁파할 때 그 수가 17,000개였다고 한다. 서원을 일종의 대학이라 보면 과잉된 교육열이 조선을 망쳤다는 논리다. 그 작가는 양반과 대졸이 아니어도 살 수 있는 세상이 더 좋은 게 아니냐고 했다.
　나는 모두가 양반이고 대졸인 세상이 훨씬 좋은 세상이라고 생각한다. 대졸이 아니어도 살 수 있는 세상이 좋아 보이겠지만 그건 상당히 교묘하고 질긴 계급사회일 뿐이다. 한국이 이만큼 성장한 건 높은 교육열 때문이었고 앞으로의 미래 역시 교육열에 달려 있을 뿐이다. 다만 무엇을 열심히 공부할 것인가에 대해서는 사회의 깊은 고민이 필요하다. PISA로 평가하는 한국의 학습 수준은 최근 10년 동안 계속 떨어지고 있으며, (미친 사교육비를 쓰는 입장에서는 믿어지지 않겠지만) 한국 고등학생들은 별로 열심히 공부하고 있지 않다. 그러니까, 쓸데없는 걸 공부하느라 많은 시간을 낭비하고 있다.

외국에서 태어났다면 더 많은 연봉을 받을 수 있었음에도 불구하고 한국에서 태어나는 바람에 낮은 연봉을 감수하는 사람들이 있다. 삼성전자나 현대자동차 엔지니어의 상당수가 그렇고, 프로야구나 프로축구에도 그런 선수가 있을 것이다. 프로 스포츠 선수는 아직도 자기 마음대로 해외구단에 갈 수 없다. 한국에서 선수 생활을 상당 기간 한 후에야 자유계약 선수가 되어 해외 진출의 자격을 얻는다. 반대의 경우도 있다. 같은 직업을 가진 외국 사람에 비해 훨씬 많은 돈을 받는 것이다. 이들은 앞서 언급한 삼성전자나 현대자동차 엔지니어의 등에 올라타 있는 셈이다. 만약 그들의 어깨와 등이 점점 무거워지고 그러다 구부러지면, 많은 엔지니어가 참지 못하고 한국을 떠날 것이다. 비극적인 얘기다.

02.
24.

투자는 논리를 따르지만 트레이딩은 느낌을 무시할 수 없다. 그게 옳다기보다 후회를 줄이기 위해서다. 포지션은 진입할 때보다 나올 때가 열 배는 더 어렵다. 포지션의 정리는 트레이딩의 끝이 아니라 시작이기 때문이다.

03.
05.

선물로 2억 벌기는 참 어렵지만 돈 500만 원, 천만 원씩 까먹기는 참 쉽다. 가랑비에 옷 젖는다는 말은 작은 손실을 경계하기 어려운 인간의 본성을 지적하는 말이다.

03.
06.

정치인은 국민이 뽑는다. 그들이 사용하는 모든 힘은 국민들이 잠깐 위임한 것에 지나지 않는다. 진심으로, 정말 진심으로 그렇게 생각하는 사람은 드문 것 같다.

03.
07.

1.
책을 좋아하는 사람은 대개 글을 쓰게 되고 글을 쓰면 누구나 작가가 돼볼까 생각한다. 나 역시 고등학생 때 평생 읽은 소설의 대부분을 읽었고 작가가 되는 게 어떨까 생각해본 적이 있다. 하지만 내가 글을 아무리 잘 써도 팔리는 책을 쓰지 않으면 소용이 없다. 잘 팔리는 책이 곧 내가 쓰고 싶은 책은 아니었으며, 무엇보다 글을 써서는 내가 원하는 경제적 자유를 얻을 수 없다고 생각했다. 내가 이런 생각을 하게 된 건 당시 막 사업을 하기 시작했던, 몇 해 전 돌아가신 막내 외삼촌의 영향이 컸다. 그리고 결과적으로 내 선택은 맞았다. 돈이 없어도 인간은 고귀할 수 있지만 자유를 얻기는 어렵다. 자유를 얻지 못한 인간의 고귀함은 늘 아슬아슬하다. 고귀함에 대한 의지에 비해 세상의 무례와 폭력이 너무 강해서다.

  연봉을 몇 억씩 받는 사람들이 재벌 총수의 횡포를 못 이기는 게 아니다. 연봉 3천만 원이 안 되는 비서들이 더 횡포에 시달리고 억울한 일을 당해도 대응하지 못한다. 경제력이 없으면 내 상식과 원칙을 세상에 적용해볼 기회를 얻기 쉽지 않다. 반대로 내 상식과 원칙이 제대로 된 것이 아니면 남들보다 월등한 경제력을 갖기도 어렵다. 결국 비굴해지지 않고 용기를 내려면, 그리고 그 뒷감당을 하려면 역시 경제력이 어느 정도 따라줘야 한다는 게 인간 삶의 원리이자 비애다.

  모든 사람이 잘생기기도 어렵고, 키가 크기도 어렵고, 매력적으로 태어날 수도 없다. 하지만 표정과 행동에 품위를 가질 수는 있다. 노력을 한다면 지식이 많아져 말도 잘할 수 있다. 좋은 스타일을 가질 수도 있다. 경제력이 있다고 이 모든 것이 자연스럽게 따라오는 것은 아니지만 경제력 없이 이것들을 얻는 건 매우 어렵다. 직관해야 깨달을 수 있는 진실이 아닌가 싶다.

2.

일본어를 배우며 느낀 건 수동과 사역 그리고 사역수동이 어렵다는 것이다. 특히 경어는 많이 어렵다. 일본인들도 경어를 잘 쓰면 교양 있는 사람이라 생각한다고 일본어 선생님이 말해줬다. 생각해보면 우리나라에서도 사람의 첫인상은 잘생긴 얼굴, 멋진 스타일, 엄청난 전문 지식이 아니라 말투로 결정되는 게 아닌가 싶다. 상대방에게 정확한 언어(특히 경어)를 사용해주는 것, 상대방을 배려해주는 건 이 나이에도 참 어려운 일이다. 특히 나이가 들면서 대화를 독점하지 않는 것이 점점 어렵다.

03.
10.

1.
예전에 김용옥의 《논어》(2000)를 읽었을 때 가장 강렬했던 대목은 '효의 본질'에 대한 해석이었다. 대개 우리에게 효는 아버지가 아들에게 무엇인가를 명령하면 아들은 순종하는 것이다. 그 명령이 합리적이든 비합리적이든 상관없다. 하지만 김용옥의 해석은 달랐다. 아버지의 명령이 잘못됐다면 불복종할 수 있다. 불복종 자체가 불효는 아닌 것이다. 다만 그 불복종의 유일한 단서는 반드시 예로서 해야 한다. 자신의 정당함을 주장하는 방식이 무례를 전제로 할 필요는 없다. 김용옥의 주장은 공자의 가르침의 본질은 오직 예만이 생과 사를 일관한다는 것이다.

하지만 이 효의 가르침과, 지금 세상을 살아가는 우리에게 아버지도 아닌 상대가 요구하는 비윤리적이고 비상식적인 요구를 어떻게 다룰 것인가는 온전히 다른 문제다. 상사가 술기운을 빙자해 성추행할 때 혹은 무리한 성적 요구를 해올 때 예를 갖춘다는 건 늘 상냥해야 한다는 뜻이 아니다. 비단 성적인 문제에만 해당되는 것도 아니다. 상사가 무리하고 비상식적인 요구를 해올 때 어떻게 대처할 것인가에 대한 고민은 늘 존재하기 때문이다. 제일 좋은 것은 평소에 주위 사람들에게 자신이 토끼가 아니라 사자라는 점을 각인시키는 것이다. 그리고 어떤 순간에는 개가 사자를 물면 어떻게 되는지 보여줘야 한다.

2.
인간은 유혹을 바라는 게 아니라 유혹에 빠지는 걸 원한다. 가격의 움직임은 인간을 매 순간 유혹한다. 언제 유혹에 빠져야 최대한 만족할 것인가를 가늠하는 게 트레이딩인지도 모른다.

3.
죽음을 의식하고 삶을 살아가는 사람은 극히 드물다. 대개의 인간은 과거를 돌아보지 않고 미래의 계획도 세우지 않는다. (돌아봤자 가슴만 아프고 계획은 하나도 이뤄지지 않기 때문일지도 모른다.) 그러면 당연히 자신의 나이를 의식하지 못한다. 프로이트는 무의식에는 시간 개념이 없다고 갈파했다. 욕구와 갈망이 사라지지 않는 한 인간의 무의식에는 시간이 들어갈 수 없는 것이다. 즉, 욕구와 갈망이 인간의 생각을 죽음과 시간에서 괴리시킨다.

시간을 의식하며 살아야 또 다른 삶, 또 다른 트레이딩의 차원 dimension을 인식하게 된다. 차원의 단위로 가격을 잘라서 봐야 매번 다른 게임에 임할 수 있다.

03.
12.

공차를 성공시켜 340억에 매각한 김여진 씨가 '바운스'라는 트램폴린 파크를 만들어서 235억에 매각했다. 이 뉴스를 본 지인은 심각한 얼굴로 자신도 트램폴린 파크를 생각했다고 말했다.

이런 뉴스를 보고 "나는 감은 있는데 용기는 없구나"라고 한탄하는 사람이 많겠지만 사실 실행하지 않는 감은 아무 소용이 없다. 막상 실행해보면 감은 그저 감일 뿐 실행에 별로 도움도 되지 않는다. 감이 아니라 바위 같은 확신이 있어도 될까 말까 한 게 돈 버는 일이다. 아마 이분의 포트폴리오 중 트램폴린 파크는 그저 일부분에 불과할 것이다.

03.
17.

유병재의 《블랙코미디》(비채, 2017)와 정세랑의 《지구에서 한아뿐》(2012)을 읽었다. 유병재 책은 5만 부가 넘게 팔렸고, 정세랑의 사랑 이야기는 유치와 발랄과 상큼함의 벤다이어그램 어느 중간에 있다. 이걸 장르소설이라고 부르는 게 뭔가 어색하다. 하지만 여자의 사랑 이야기도 남자의 사랑 이야기와 다르지 않은 보편적인 기대와 즐거움이 있다는 생각이 들어 위안받았다. 사랑스러운 이야기다.

어떤 특별한 사람은 별 하나보다 더 큰 의미를 가질 때가 있어요.
(119쪽)

다시, 다시, 다시 태어나줘. (243쪽)

03.
19.

 기자들과의 술자리에서 "민중은 개돼지"라고 말했던 나향욱의 파면이 법원에 의해 취소됐다. 교육부가 법원의 결정에 항고하지 않아 (대법원에 가봐야 진다는 법무부의 판단이 있었다) 법원의 판결이 확정되었기 때문이다.
 나는 "민중은 개돼지"라고 생각하지 않지만 그의 파면에는 동의하지 않았기에 꽤나 강한 어조로 파면 결정을 비판했다. 그때는 박근혜 정부 시절이라 파면 결정을 비판해도 그렇게 심한 욕을 먹지는 않았지만 지금 사회 분위기라면 열 배쯤 더 욕을 먹었을지도 모르겠다. 교육부는 무리한 파면으로 시민(공무원도 시민이다)의 자유를 제약했다. 결과적으로 소송이 진행되는 동안 지급하지 않았던 급여를 모두 지급해야 할 것이며, 나향욱이 민사상 손해배상을 청구하면 배상도 해야 할 것이다.

이 사회에는 공무원(시민)이 술자리에서 "박근혜는 독재자"라고 말할 수 있다면 "민중은 개돼지"라고 말할 수도 있다는 상식이 부족하다. 〈경향신문〉이 그의 발언을 보도한 것도 제법 논란이 있었다고 보지만, 나향욱 파면에 침묵한 것은 매체의 수준을 떨어뜨린 태도였다고 생각한다. 그때 〈경향신문〉이 나향욱 파면을 반대하는 태도를 보였다면, 그때와 지금의 위상은 많이 달라져 있을 것이다. 나향욱 파면을 반대하는 사람은 너무 적었고, 지금 법원의 결정에 불만을 품은 사람은 많은 것 같다. 개인의 자유와 권리를 보호할 곳이 법원밖에 없는 사회는 이미 위태로운 것이다.

03.
27.

1.
선물 트레이딩을 할 때마다 인간은 후회하지 않을 선택을 위해 늘 투쟁하는 존재라는 생각을 지울 수 없다. 그 결정의 순간이 너무 자주 찾아오니 삶을 피곤하다 느낄 것인가, 아니면 기회를 많이 가질 수 있는 삶이니 행복하다고 여길 것인가는 결국 관점의 문제다.

2.
포지션을 가진 트레이더의 문제는 자신이 가격의 흐름에 어디쯤 속해 있는지 인지할 수 없게 된다는 것이다. 차트는 그런 나를 다른 각도로 볼 수 있게 해준다는 점에서 유용하다. 하지만 동시에 공포감을 가중시키기도 한다. 중요한 건 전체를 조망하는 능력이다. 훌륭한 야구 감독은 경기 전체의 흐름을 읽어 전략을 짜고 선수들을 움직인다. 항상 득점만 하고 실점은 하지 않으면 좋겠지만 그건 불가능한 일이다. 농구는 말할 것도 없다. 1점 차이로 이기나 30점 차이로 이기나 승리는 승리일 뿐이다.

3.

트레이더는 본능과 반대로 움직이지 않으면 돈을 벌 수 없다. 드라이버는 훈련할 수 있지만 트레이더는 훈련할 수 없다. 오직 경험을 할 수 있을 뿐이다. 팔고 싶으면 사고, 사고 싶으면 팔고, 거래하고 싶으면 거래하지 않는다. 거래하기 싫으면, 그건 그냥 거래하지 않는다.

04.
02.

트위터를 안 하는 동안 책을 무지막지하게 읽었다. 20권 정도는 읽지 않았을까 싶다. 그중 한 권이《부디 계속해주세요》(마음산책, 2018)다. 한국 예술가 다섯 명과 일본 예술가 다섯 명이 나눈 예술과 인간 그리고 이해에 관한 대담이다.

배우이자 영화감독인 문소리와 영화감독이자 작가인 니시카와 미와의 대담이 특히 좋았다. 서로에 대한 이해와 존경이 느껴지는 가운데 통찰까지 발산하는 멋진 대화인데 읽는 동안 문소리의 목소리가 음성 지원되는 경험을 했다. 덕분에 대담에 등장하는 문소리의 영화 〈여배우는 오늘도〉도 보게 됐다. 지적이면서 용감하며 따뜻한 배우라는 생각이 든다. 영화에 '예쁜 배우보다 매력적인 배우가 세다'는 말이 나오는데 본인이 바로 그런 배우라고 말해주고 싶다.

한국인은 일본을 싫어한다고 하지만 통계가 보여주는 건 좀 다르다. 한국 사람들은 일본에 가장 많이 놀러 가고, 가장 많은 돈을 쓰며, 특히 일본 책을 가장 많이 사본다. 노벨문학상과 맨부커상을 받은 서구 작가의 책은 한국인의 마음을 울리지 못한다. 정서가 달라서다. 새뮤얼 헌팅턴은 한국을 중국 문화권에 넣고 일본을 별도의 문화권으로 떼놓았다. 처음 이 주장을 접했을 때는 거부감이 들었는데, 지금 보니 한국은 일본 문화권이 맞는 것 같다.

04.
03.

1.
레이 달리오의《Principles》를 읽기 시작했다. 10페이지 정도 읽었는데 예상대로다. 내 책《나는 나를 어떻게 할 것인가》와 비슷한 내용이 많다. 내가 2015년에 책을 내지 않았다면 2017년에 나온 이 책을 표절했다는 의심을 받았을지도 모르겠다.

저자로서 생각하기에《나는 나를 어떻게 할 것인가》의 주제는 크게 두 가지다. 첫째는 인간은 어떻게 살고 있는가, 라는 인간 조건의 문제고 둘째는 인간은 어떻게 살아야 하는가, 라는 삶의 원칙의 문제다. 인간 조건을 삶의 원칙보다 앞에 놓은 이유는 황당한 삶의 원칙을 만들지 않으려면 인간 조건에 대한 성찰이 필요하기 때문이다. 예컨대 인간은 행복을 위해 살고 있지 않고 행복은 (많은 사람의 생각과 달리) 삶의 원칙이 될 수 없다. (하지만 종교적 믿음이나 경제학적 원리는 삶의 원칙이 될 수 있다.) 삶의 원칙이 옳은지는 실패의 두려움을 감수하고 그 원칙을 고수할 때만 알 수 있다. 성공한다면 자신의 원칙을 철저하게 고수했다는 것을 의미하고, 성공하지 못했다면 밧줄을 자를 용기를 내지 못한 것을 의미한다.

2.

'최고의 삶'이란 '죽음의 공포 앞에서 삶의 정수만을 모아 담대하게 전투를 실행해 인생이란 전쟁에서 승리하는 것'으로 요약할 수 있다. 전투와 전쟁이라니 뭘 그렇게 세상을 삭막하게 보는가, 라고 물을 수도 있지만 우리가 처한 인간 조건이란 게 원래 그렇다. 치열하게 살지 않은 인간은 인간이 어떤 존재인지 영원히 확인하지 못하고 연약한 동물처럼 비참하게 죽어왔다. 역사는 극한의 치열함을 추구한 위인도 불리한 때와 상황에 태어나면, 치열함과 상관없이 비극적인 모습으로 죽을 수밖에 없었다는 것을 보여줄 뿐이다.

우리가 한국이란 나라에서 태어난 것은 (모든 조건이 같을 때) 미국에서 태어난 것과 비교하면 비극이다. 하지만 (모든 조건이 같을 리 없기 때문에) 한국의 중산층 가정에서 태어났다면 미국의 저소득 흑인 가정에서 태어난 것보다는 운이 좋은 편이라고 할 수 있다. 특히 조선 같은 나라의 노비로 태어난 것과 비교하면 어마어마한 축복이다. 하물며 지금 좋은 부모와 좋은 친구를 갖고 있다면 매일매일 샴페인을 마시며 축하해도 지나치지 않다고 생각한다. 우리가 누군가에게 좋은 부모와 친구가 돼준다면 그 역시 엄청나게 신나는 일이다.

3.

좋은 미국 학교에서 박사 학위를 따고 한국에 돌아왔더니 모교에는 자리가 없고 어떤 지방대학에서는 교수 임용을 대가로 기부금을 요구한다고 하자. 이럴 때 원칙이 중요해진다. 만약 복음주의 기독교인이라면 교수가 되고 싶은 욕망이 있어도 그런 식으로 교수가 되지는 않을 것이다. 그들의 원칙은 세속의 욕망을 위해 하나님의 뜻을 거역하는 것이 아니다. 복음주의 기독교인의 삶은 하나님의 뜻을 따르기 위해 때로는 세속의 욕망, 정말 드물게는 삶까지도 포기하는 것이다. 그렇게 사는 것이 다음 기회 혹은 죽음 이후의 세계에 복과 구원을 주기 때문이다. 만약 잘나갈 때는 하나님의 뜻을 따르고 이런 결정적 순간에는 세속적 욕망을 따른다면 그건 복음주의 기독교인의 원칙이라 할 수 없다.

경제학적 원리를 믿는 사람은 내야 하는 기부금, 다른 직장에 취직했을 때 벌 수 있는 현금 흐름, 대학에서 벌 수 있는 현금 흐름을 현재 가치로 계산할 것이다. 그런 식으로 교수가 됐을 때의 심적 고통과 그 사실이 수면 위로 드러났을 때의 쪽팔림 역시 계산해 합리적 선택을 할 것이다. 그리고 그 선택이 가져올 나쁜 결과는 계산된 리스크와 계산되지 않는 불확실성으로 받아들여야 한다. 법률가라면 위법성과 적법성의 여부를 근거로 삼을 것이다. (물론 세상에는 법을 미꾸라지처럼 이용하는 법률가도 많다.) 중요한 것은 자신에게 원칙이라 부를 만한 것이 있느냐와 그 원칙에 따라 살 용기가 있는지일 것이다.

4.

옳지 않은 요구를 받았을 때 합리적인 인간이 취할 수 있는 삶의 방식은 대략 다섯 가지다. 첫째, 거부하고 공개적으로 문제 삼는다. 둘째, 거부하지만 공개적으로 문제 삼지는 않는다. 셋째, 받아들이고 괴로워한다. 넷째, 적극적으로 받아들여 출세의 계기로 삼는다. 다섯째, 받아들이되 반격의 기회를 노린다. 거듭난 기독교인이 세상의 빛과 소금일 수 있는 이유는 첫 번째 선택을 하는 게 쉽지 않아서다. 선량한 동시에 전략적인 인간이 할 수 있는 선택이란 두 번째와 다섯 번째 정도일 것이고, 선량하지만 우유부단하고 섬세한 인간이 하는 고민은 세 번째 선택일 것이다. 이기적이고 자기중심적인 소수(라고 믿고 싶다)의 인간들이 선택하는 길이 바로 네 번째일 것이다.

04.

얼마 전 국제적인 인권단체의 사무처장을 맡게 된 L과 저녁을 먹었다. 그분에게 "저는 인간이 행복을 위해 살 수 있다고 생각하지 않습니다. 자유라면 모를까"라고 말한 순간이 있었다. 잠깐 정적이 흐른 뒤, 그분이 이렇게 말했다.
"행복은 상태가 아니죠. 자유는 상태고. 상태가 아닌 것을 추구하는 것은 어렵습니다. 맞는 말일지도 모르겠네요."

행복은 모호하다. 사람들은 목표를 달성하면 행복할 거라 생각하지만 현실은 반대다. 목표를 달성해가는 과정의 몰입이 인간을 행복하게 할 뿐이다. 성취의 순간이 지나면 행복은 사라진다. 아니, 오히려 인간의 마음은 공허해진다. 심지어 그 대신 하지 못했던 무엇인가 때문에 허탈감에 사로잡히기도 한다. 무엇인가를 꼭 목표로 해야 한다면 목표를 만들고 달성하는 것에 집중해야 한다. 하나의 목표를 이뤘다면 그다음의 근사한 목표를 세우면 된다. 모호하고 정의할 수 없는 행복 같은 것을 목표로 삼으면 삶 자체도 모호해진다. 목표는 구체적일수록 좋다.

04.
05.

1.
생각한 대로 가격이 움직일 때의 짜릿함은 대단하지만 그 짜릿함은 인간을 방심하게 만든다. 내 생각이 들어맞는 시점은 유한하다는 사실을 망각하게 된다. 문제는 가격의 움직임에 따라 유한함의 시점이 모호해진다는 것이다. 내 자아는 (나의 옳음을 입증하기 위해서) 그 의미를 확장시키려 하고, 손익을 바라보는 나의 마음은 두려움과 아쉬움의 극단을 오간다. 두려울 때 들어가고, 아쉬울 때 정리하는 건 가장 쉽지만 가장 어렵다.

2.
그 분야에서 한번 나올까 말까 한 스타가 있다. 농구 선수 마이클 조던이 그랬고, 테니스 선수 로저 페더러Roger Federer가 그렇고, 가

수 마이클 잭슨이 그런 존재에 가깝지 않았을까 싶다. 골프 선수 타이거 우즈는 어떤가. 그가 마스터스 골프에 다시 출전해서 갤러리들이 폭주하고 있다고 한다.

  대중은 인간성이나 성품과는 크게 상관없이 누군가를 사랑하는 것 같다. 대중의 사랑을 받기 위해 골몰한다고 사랑받는 것도 아니고, 무심하게 대한다고 사랑을 받지 못하는 것도 아니다. 애초에 그게 방법을 안다고 되는 일일까 싶다.

04.
07.

삼성증권 인성 테스트

어느 날 계좌를 열어봤더니 정체를 알 수 없는 돈 100억이 입금되었다. 당신이라면 어떻게 하겠는가. 뭘 어떻게 하긴. 은행에 빨리 신고해야 한다. 그렇지 않으면 경찰에라도. 이유는 간단하다. 첫째, 그 돈은 당신 돈이 아니다. 둘째, 그게 당신 돈이 아니라는 걸 모두가 알고 있다. 그런 일이 생긴다면 그건 뭔가 이상한 사건이 일어난 것이거나 누군가의 실수로 벌어진 일이다. 당신 것이 아닌 돈을 써버리면 뭔가 이상한 음모에 휘말리거나 실수로 벌어진 일을 수습하는 과정에서 범죄자나 파렴치한으로 취급당할 것이다.

그런데 그런 일이 실제로 일어났다. 그것도 20명이라는 적지 않은 사람이(물론 2,200명 중 20명에 불과하긴 하다) 실제로 자기 계좌에 들어온 주식 몇 억에서 몇십 억 혹은 몇백 억을 몽땅 팔아버렸다. 무슨 생각으로 그랬는지는 저마다 다를 것이다. 회사가 그 일을 문제 삼지 않을 수도 있다. (그러겠다고 매체와의 인터뷰에서도 말했다고 한다.) 하지만 분명한 건 삼성증권은 아주 비싼 돈을 들여 직원들의 인성(혹은 지능) 검사를 한 셈이고, 회사는 절대로 그 20명을 아무 일도 없었던 것처럼 다루지 않을 거라는 거다. 나라면 절대 그들을 임원으로 승진시키지 않을 것이다. 중요한 보직도 주지 않을 것이다. 바보짓은 한번으로 족하지 않겠는가.

04.
12.

우리는 여전히 벤치마크가 필요한 사회에 살고 있다. 스스로 사고할 줄 아는 능력이 부족해서다. 다른 나라의 사례를 분석하는 것은 황무지에서 출발해야 하는 나라(해방과 전쟁 이후에 그랬다)에게는 시간을 절약하는 좋은 방법일 수 있다. 하지만 완전히 새로운 발상은 그런 식으로 나오지 않는다. 미국 건국의 아버지들은 당시 유럽에 존재하지 않았던 헌법을 통해 완전히 새로운 국가 제도regime을 탄생시켰다. 그들은 헌법을 만들기 위해 프랑스와 영국으로 벤치마크 출장 같은 걸 보내지 않았다.

원점에서 하나하나 따지며 논쟁하려면 상당한 지적 능력이 필요하다. 굉장히 혁신적인 제품이 탄생하는 과정도 비슷하다. 스티브 잡스가 모토로라와 노키아의 핸드폰 제작 방법이나 연구했다면 아이패드나 아이폰은 세상에 등장하지 못했을 것이다.

04.
14.

1.
레이 달리오의 《Principles》를 읽으면 기시감이 느껴진다. 성공적인 삶을 이루려면 세 가지가 필요하다. 꿈과 현실 그리고 결단이다. 꿈이 없으면 현실을 견딜 수 없고, 현실을 직시하지 않으면 (레이 달리오는 하이퍼 리얼리스트가 돼야 한다고 충고한다) 좋은 결단을 내릴 수 없다. 좋은 결단이 이어지면 삶은 복리로 성장하며 성공으로 향한다. 인간은 열려 있어야 하고 과격하다 싶을 정도로 투명해야 빨리 배우고 효과적으로 변화할 수 있다.

진화evolution는 우주의 가장 강력한 힘이다. 항상적permanent인 힘으로는 유일하며 모든 것을 지배하는 힘이다. 진화하지 않으면 죽는다evolve or die. 그런데 진화의 메커니즘은 시행착오다. 빨리 실행하고 빨리 실패해서 많이 깨달으면 인간은 진화할 수 있다no pain no gain. 여기에는 함정이 있다. 많이 실패하면 다음 기회를 얻지 못한다. 빨리 실행하지 못하면 성공 가능성이 낮아진다. 성공적으로 조금 실패해도 깨달을 힘이 없다면 계속 지는 게임만 하게 된다.

가장 지키기 힘든 트레이딩의 원칙이 있다. 첫 번째, 모를 때는 하지 않는다. 알 때만 포지션을 잡는다. 레이 달리오 역시 같은 말을 한다(Knowing when not to bet is as important as knowing what bets are probably worth making). 두 번째, 알지만 공포스러울 때 그 공포를 피하는 대신 고통받을 준비를 하고 포지션에 진입한다. 레이 달리오는 이렇게 말한다. 고통을 피하기보다는 고통을 향해 가라Go to the pain rather than avoid it. 발전은 고통과 고통 후 반성으로만 가능하다.

자신을 객관적으로 보는 건 어려운 일이다. 객관화가 가능하다는 건 이미 자신의 약점을 잘 알고 있다는 것이다. 내 약점이 되는 분야에 강점을 가진 이들과 함께 일한다면 약점을 보완할 수 있다. 내 약점에 대해 "그렇게 하면 안 돼"라는 냉정한 충고를 해줄 사람이 필요하다. 약점은 해답을 찾기만 하면 더 이상 문제가 아니다. 모든 인간은 어차피 커다란 문제 하나씩을 갖고 있다Everybody has at least one big thing that stands in the way of their success.

성공의 시작은 분명한 목표goals를 갖는 것부터다. 원하는 모든 것을 다 가질 수는 없다. 욕망과 목표가 같아서도 안 되고 같을 수도 없다Don't confuse goals with desires. '저 차를 사고 싶다'는 건 욕망이고 저 차를 사기 위해 '1억을 벌겠다'는 건 목표다. 비슷하게 보이지만 엄연히 다르다. 차는 하나뿐이지만 1억을 버는 방법은 너무 많다. 멋진 기대와 목표를 가진다면 성공으로 다가가기가 쉬워진다Great expectations create great capabilities.

모르는 행복보다 알고 상처받는 게 낫다. 하지만 모두 알 수 없다면 '무엇을 아는가'보다 '무엇을 모르는가'가 훨씬 중요하다. 의사결정은 두 단계로 이뤄진다. 관련된 모든 정보를 취합한다. 그리고 결정한다Take in all the relevant information, the decide. 사려 깊게 반대 의견을 제시하는 사람의 가치는 어마어마한 것이다. 증거에 입각한 의사결정evidence-based decision making을 하면 실패한다 해도 다음 의사결정은 더 좋아질 것이다.

의식은 무의식과 늘 전쟁을 치른다. 감정은 늘 사고와 긴장을 유지한다. 이 둘을 화해시켜야 한다Reconcile your feelings and your thinking. 나쁜 의사결정은 나쁜 감정 상태에서 내려진다. 좋은 결정은 단점보다 장점이 많은 것뿐이지, 단점이 없는 결정이 아니다.

2.

상사가 횡령을 지시하면 어떻게 해야 할까. 당연히 회사에 신고해야 한다. 그런데 그 상사가 사장이라면 어떻게 해야 할까. 경찰이나 검찰에 신고하거나, 지시에 따르고 떡고물을 챙겨 먹거나, 조용히 회사를 그만둬야 한다. 많은 사람이 신고나 퇴사 대신 지시에 따르는 행위(범죄)를 택한다. 아마도 '어떻게 해야 하지'라는 고민을 하는 순간 범죄를 저지를 가능성이 높아졌을 것이다.

성별과 무관하게 상사가 이성으로서 혹은 동성으로서 유혹을 하면 어떻게 해야 할까. 당연히 본인의 감정이 이끄는 대로 행동하는 것이 맞지만 (상사와 사귀는 것 자체가 불법은 아니다. 그가 혼자든 결혼을 했든 동성애자든 외국인이든 어떤 경우든 마찬가지다) 정치적인 고려를 안 할 수 없다. 그런데 상사의 유혹에 승진 같은 미끼 혹은 퇴사 같은 위협이 있다면 어떻게 해야 할까. 법적으로는 그것이 바로 위계에 의한 성폭력이다. 많은 사람이 불이익을 감수하고 적극적으로 신고(고발)하거나 미끼를 덥석 무는 극단적인 대응 대신 고뇌에 빠지는 것 같다.

어제 대한항공 전무(조현민) 갑질 논란을 듣고 '또 하나 터졌구나' 싶었는데 오늘 우연히 그가 소리 지르는 걸 듣게 됐다. 갑질이 아니라 정신병이라는 댓글이 많이 보이지만, 90퍼센트 인간은 저런 일을 직접 당하면 어떻게 대응해야 할지 모를 것이다. 누군가는 이렇게 녹음을 하지만, 만일에 상황을 준비하는 10퍼센트의 인간은 어디에나 있는 것 같다.

04.
17.

아이를 키우니 느끼는 거지만, 자신이 논리적으로 말하면 부모를 설득할 수 있다고 생각하는 것과 무슨 얘기를 하든 부모는 내 말을 듣지 않을 것이라 생각하는 건 여러 면에서 다른 결과를 가져오는 것 같다. 대개 아이가 부모를 설득할 수 있을 정도로 논리적이기는 어렵다. 그러니 아이가 나름 최선의 논리를 갖춰 왔다면 부모가 아이에게 조금씩 양보하는 모양새를 갖추는 것도 좋은 것 같다. 가끔은 아이에게도 승리의 기쁨을 느끼게 해줘야 한다.

04.
19.

보스턴 마라톤에서 31세 일본인이 우승했다. 일본인이 우승한 게 아니라 그가 공립 고등학교의 행정실 직원(공무원)이라는 사실이 놀랍다. 육상 선수를 한 적이 있다지만 프로 마라토너가 아니고, 공무원 신분이라 스폰서를 받을 수도 없었다. 대단한 스토리다.
 대단하다고 생각했지만 나는 마라톤과 거리가 먼 인간이라 저렇게 뛸 생각은 전혀 없다. 돌아가신 삼촌은 대장암을 발견하기 전까지 매일 아침 한 시간씩 달렸다. 나는 건강과 체력은 다르다는 생각을 하게 됐다. 운동을 하면 체력이 생기지만, 병에 걸리지 않는 건 또 다른 문제다.

04.
21.

조현아의 '땅콩회항' 사건이 세상에 알려진 데에는 박창진 사무장 역할이 컸다. 이번 조현민 사건이 세상에 알려지고 녹음 파일이 공개된 것 역시 내부자 덕분이다. 만약 내가 대한항공 직원이고 조현아나 조현민에게 그런 일을 당하면 어떻게 할까. 준비하는 정도의 차이만 있을 뿐 결국 박창진 사무장처럼 문제 제기를 하지 않을까 싶다.

 조현아와 조현민의 어머니인 이명희가 인천 그랜드 하얏트에서 호텔 쿠션이 정돈되지 않았다는 이유로 지배인 뺨을 때렸다는 글도 읽은 적이 있는데, 그 글을 읽으며 무라카미 하루키의 단편 〈침묵〉을 떠올렸다. 그런 일을 당했지만 참고 사는 것도, 그런 일에 결연히 저항해 싸우는 것도 침묵 속에서 고독을 견디는 일이다. 어느 쪽이든, 승패와 관계없이, 상처받지 않기 위해 싸우는 거지만 자신은 황폐해질 것이다. 약간의 이해관계 때문에 많은 이가 등을 돌릴 것이고, 내 편은 아주 소수밖에 남지 않을 것이다.

세상은 천국이 아니라 정글에 가까워서 이런 일을 완전히 없애는 건 불가능하겠지만 대한항공의 일은 개인이 감당하기엔 너무 무리한 수준이라고 생각한다. 미국에서는 치밀하게 증거를 모으면 거액의 손해배상 청구가 충분히 가능한 사안이고 이런 일이 매체에 공개되는 순간 회사의 평판이 땅에 떨어지며 주가는 하락한다. 하지만 한국은 사실 적시에 의한 명예훼손이 인정되고 국적기 라이센스를 갖고 있으면 일정 매출과 이익이 확보된다(대한항공은 비싸지만 공무원들은 대한항공만 이용한다). 심지어 과도한 채무도 은행에서 도와준다.

대중을 상대로 장사를 하지만 대중에게 무례한 건, 결국 대중을 바보라 생각해서일 것이다.

04.
27.

어젯밤에 집에 들어오니 아이가 금요일부터 시험이라며 공부를 하고 있었다. 밤 12시에 자면서 새벽에 깨워달라고 했다. 아침 6시에 깨우니 눈을 비비고 공부를 한다. 아이가 스스로 새벽에 일어나 뭔가를 하기 시작했다면 부모로서는 별로 걱정할 게 없다. 그게 공부라면 말할 것도 없다.

어른도 마찬가지다. 새벽에 일어나게 만드는 힘이 있는 인생이라면 걱정이 없다. 그 힘이 열 살에 시작됐다면 세계적인 스타가 되겠지만 서른 살, 심지어 쉰에 시작돼도 상관없다. 세상에는 걱정되는 인간과 걱정이 안 되는 인간, 딱 두 부류 인간이 있을 뿐이다.

05.
03.

한국인 절반은 종교가 있다. 하지만 사는 모습을 보면 그다지 종교적인 것 같지 않다. 일본인들 대부분은 종교가 없다. 도쿄에 있는 교회와 성당은 대부분 결혼식장에 불과하다. 그런데 일본인들의 삶에 죽음이 개입하는 방식이나 장례를 치르는 방식을 보면 마치 심각한 종교가 있을 것만 같다.

얼마 전 친구의 아버지가 폐가 굳는 불치병으로 돌아가셨는데, 돌아가시기 직전에 더 이상 날숨과 들숨이 되지 않아 "J야, 나 죽어"라고 말하며 돌아가셨다고 한다. 지난주 화요일에 〈어벤져스: 인피니티 워〉를 보다 그 죽음이 떠올랐다. 인류의 절반이 사랑하는 절반과 저렇게 홀연한 죽음을 마주한다면 과연 어떤 기분일까.

05.
06.

　행복은 우리를 배신한다. 행복을 추구하는 인간의 속성은 그다지 합리적이지 않기 때문이다(배우자의 불륜보다 아무렇게나 벗어던진 양말에 더 화가 나는 게 인간이다). 그런 인간의 속성은 아무리 극복하려 해도 극복되지 않는다. 행복을 추구해봤자 인간은 혼란스러워질 뿐이다. 그렇기에 인간의 성취는 담대한 목표와 구체적인 계획을 세운 뒤, 패닉과 공포를 극복하고 탐욕을 경계하며 한발 한발 내디딜 때 얻어질 수밖에 없다. 그런 길을 걸으면 두려움에 빠질 수밖에 없지만 때로는 연대(사람이 곧 기회다)하고 때로는 고립(일기를 쓰고 복싱을 하는 것 자체가 고립이다)되며 두려움을 극복하는 것이다.

　이런 과정을 감수하려면 의미가 있어야 한다. 가장 받아들이기 쉬운 의미는 역시 목표를 위한 일을 잘하고 좋아하며 재미를 느낀다는 점이다. 그런데 뭘 잘하고 뭐가 재미있는지 알려면 계속 해보는 수밖에 없다. 그러니 유유자적하지 말고 늘 결단하며 행동해야 한다.

05.
13.

<u>1.</u>
레이 달리오가 자신의 책《Principles》를 설명하기 위해 팟캐스트 'a16z'에 출연했다. 이 팟캐스트는 실리콘밸리의 유명한 벤처 캐피털이 운영하는 것이다.

<u>2.</u>
1) Be radically open-minded. 과격할 정도로 열린 마음이 돼야 한다. 배움과 변화를 위해서라면 누구에게든 무엇에게든 언제든 마음을 열지 않으면 안 된다.

2) Be adaptive through trial and error. 잘못할 수 있다. 하지만 잘못이 실패가 되지 않는 유일한 방법은 잘못에서 성공의 단서를 얻는 것이다. 그러려면 원칙을 만들어 사수하고, 원칙을 보수하는

프로세스를 만들어야 한다. 시행착오가 곧 진화인 것이다. Fail well. Love your mistakes or those of others.

3) In order to gain strength one has to push one's limit, which is painful. 힘을 얻으려면 한계를 넘어서야 하는 게 자연법칙이다. 시험을 거치지 않으면 전문가가 될 수 없는 것도 마찬가지다. 링에 서지 않으면 복서가 될 수 없고 딜레탕트dilettante는 영원히 딜레탕트다.

4) Don't confuse goals with desires. 누구나 욕구가 있지만 누구나 목표가 있는 건 아니다. 욕망에 이르는 방법은 하나지만 목표에 도달하는 방법은 여러 가지다. 행복은 삶의 원칙이 될 수 없다. 일관적이지 않은 행복이 목표가 되면 비틀거리게 된다.

5) Don't avoid confronting problems. Once you identify a problem, don't tolerate it. 현실을 쉽게 바꿀 수 없다고 생각하면 현실에서 파급된 문제를 외면해버린다. 문제를 외면하면 현실은 영원히 시궁창이다. 문제를 정면으로 응시하라. 무엇인지 알아차렸다면 참지 마라.

6) Don't worry about looking good, worry about achieving your goal. 이런 질문을 하면 다른 사람이 당신을 어떻게 볼지 신경 쓰지 마라. 모르는 게 쪽팔린 게 아니라 모르는데 묻지 않는 게 쪽팔린 것이다. 다시 질문. 현재 당신이 당면한 목표는 무엇인가.

7) Make your decisions as expected value calculations. 모든 의

사결정은 전략적이어야 한다. 모든 전략은 장단점pros and cons을 갖는다. 최선의 전략은 단점은 없고 장점만 있는 전략이 아니라 장점이 단점을 압도하는 비대칭성 전략이다. 좋은 기업(투자), 좋은 학교, 좋은 직장, 좋은 배우자도 마찬가지다. 좋은 트레이딩이란 비대칭적 순간을 찾는 것이다.

8) Be evidence based. 증거에 입각한 의사결정evidence-based decision-making tools을 내려야 하는 이유는 논쟁이 싸움이 되지 않기 위해서, 틀린 결정을 피하기 위해서, 의사결정의 프로세스를 만들기 위해서다. 아는 것과 증거가 없다면 증거를 수집하고 알기 전까지는 결정하지 않아야 한다. 기다리는 것도 힘이다.

9) Observe the pattern of mistakes. 성공의 시작은 좋은 루틴을 갖는 것이다. 좋은 루틴이 없다면 행운은 싹트지 않는다. 문제는 아무리 좋은 루틴을 가져도 나약함에 의해 실수가 반복된다는 것이다. 인간은 실수를 인식하면서도 고치려 하지 않는다. 현상 유지에 만족하기 싫다면 실수의 패턴에서 나약함의 근원을 밝혀야 한다.

10) Don't have anything to do with closed-minded people. 닫힌 마음을 가진 인간과는 상종하지 않는다. 당신의 목표는 열린 마음을 가진 인간들과 함께할 때만 이룰 수 있고 당신의 인생은 생각보다 훨씬 짧다.

05.
15.

<u>1.</u>
세상에는 설득과 부탁에 약한 인간이 있다. 여기에 실력이라는 변수가 들어가면 결과가 복잡해진다.

<u>2.</u>
트레이딩이 분석을 따라가지 못하면 짜증이 난다. 누구도 도와줄 수 없기 때문에 더 그렇다.

05.
16.

1.
월요일부터 기분이 좋지 않다. 생각한 대로 하지 않았기 때문이다. 왜 생각한 대로 하지 않았을까, 생각할수록 기분이 더욱 나빠진다. '반성'이라는 말로는 부족한 것 같다. 아마 이런 기분 때문에 많은 트레이더가 시스템을 만들었을 것이다. 이렇게 되면 이렇게 한다고 원칙을 세웠는데 이렇게 하지 않을까 봐 강제하는 시스템을 만드는 거다. 인간은 시스템이 없어도 상황을 보면서 대응할 수 있다고 생각한다. 물론 그런 일은 가능하다. 지속 가능하지 않을 뿐이다.

2.
5년 전 어제 삼촌이 돌아가셨다. 나보다 열 살이 많은 삼촌이었으니까 이제 5년만 더 있으면 나도 삼촌이 돌아가신 나이가 된다. 지난 5년간 운이 따라줄 만큼 열심히 최선을 다해 살았는지 잘 모르겠다. 2013년과 2018년이 참으로 멀어 보인다.

05.
23.

1.
지난주 일요일에 S형 집에서 월남 패망 후 월남을 탈출하는 다큐멘터리와 장진호 전투에 관한 다큐멘터리를 보면서 이야기를 나눴다. 집에 가기 30분 전부터는 아이들 보라고 〈캡틴 아메리카: 시빌 워〉를 틀어줬다. 케이블 방송도 없고 TV로는 인터넷도 볼 수 없는데 넷플릭스가 연결돼 있으니 신나게 보는 듯했다.

어제 아내가 첫째가 컴퓨터 비밀번호를 풀고 '배틀필드'라는 게임을 한다고 신고해 아이와 통화를 했다.

"넌 왜 게임을 하다 걸려서 엄마가 화를 내게 만드냐?"
"엄마가 아이패드를 하라고 주고 가셨는데 와이파이가 잘 안

잡혔어요. 짜증이 나서 엄마가 오실 때까지만 컴퓨터를 하려고 했던 것뿐이에요."

"비밀번호는 어떻게 알았는데?"

"저번에 S교수님 집에 갔을 때 본 다큐멘터리가 베트남 관련 다큐멘터리라 베트남 넣어봤는데 안 되고, 본 영화가 〈시빌 워〉였으니 '워war'하고 '시빌 워civil war' 쳐봤는데 안 되더라고요. 마지막으로 '시빌civil'을 넣었더니 되던데요."

"그래, 내 잘못이다. 반성하마."

이런 대화를 중2 아들(첫째)과 나누다 보니 지난주 일요일에 차 안에서 나눈 대화도 생각났다. 스윗한 둘째가 엄마 패션이 맘에 든다며 종알거리고 있었다.

둘째 저는 엄마가 뷰티풀하다고 생각해요.
엄마 (반색하며) 그래, 역시 너밖에 없구나. 고맙다.
첫째 넌 무슨 소리를 하는 거야.
둘째 왜?
첫째 넌 진짜 엄마가 예쁘다고 생각해?
둘째 응.
첫째 엄마가 진짜 예뻤으면 아빠랑 결혼했을 리가 없잖아.

잠깐 정적이 흘렀다.

둘째 아빠와 엄마를 동시에 디스하는구나.
나 (한숨을 쉬며) 넌 앞으로 뭐가 될지 정말 궁금하긴 한데 애인이 생기긴 쉽지 않겠다.

05.
30.

어제 새벽 2시에 자고 오늘 아침 6시 반 정도에 깼다. 늦게 자서 얻은 소득은 별로 없다.

포지션에 진입하는 것보다 이익을 실현하는 게 훨씬 더 어렵다. 가끔 이익 실현 전담 요원이 있으면 좋겠다는 생각을 한다.

06.
03.

저녁에 아들 둘을 데리고 경의선 철길 공원을 걸어 밥을 먹으러 가는 길이었다. 갑자기 여자애 넷이 둘째 이름을 부르며 소리를 질렀다. 여자애들이 우리 뒤를 졸졸 따라오길래 뒤를 돌아봤다. 맨 앞에 있던 여자애가 "안녕하세요. 저희는 얘(둘째)랑 같은 반 친구인데요. 얘(다른 여자애)가요."까지 말했는데 그 뒤에서 여자애 하나가 쏜살같이 와서 말하는 아이의 입을 막고 끌고 갔다. 무슨 일이 일어난 건지 어리둥절해하고 있는데, 첫째가 "얘(둘째) 좋아한대요"라고 말하려 했을 거라고 놀리니까 둘째는 거의 울려고 했다. 형이란 놈이 계속 놀려대길래 "넌 그런 일도 없는 주제에 뭐 그렇게 말이 많아" 그랬더니 발끈하며 자기도 있다고 한다.

입을 막고 뛰어가던 여자아이를 잘 살펴봤어야 했는데.

어느 초여름 저녁의 12살 인생.

06.
09.

영화 〈도그빌〉

우리 아파트는 작은 단지라 경비원이 두 분이다. 두 분 중 한 분이 암이라는 이야기를 들었는데 어느 날 보니 다른 분으로 바뀌어 있었다. 자세한 사연은 모르지만 아이들 인사를 잘 받아주는 친절한 분이었기에 마음 한구석이 아팠다. 다른 한 분은 인사를 자주 했음에도 나를 기억하지 못하는 것 같았다.

우리 집은 맞벌이라 집안일을 하며 아이들을 돌보는 입주 아주머니가 있다. 하루는 오래된 잡지들을 버리려고 내놓았다. 아내는 내게 아주머니와 함께 나가서 쓰레기를 버리라고 했다. 경비원 아저씨가 아주머니를 조선족이라 무시한다고 했다. 재활용 쓰레기를 한 번에 많이 버린다며 화를 내고 말을 함부로 한다고 했다. 설마 하고 함께 나가보니 아내의 말이 사실이었다.

'도그빌'은 열 가구도 살지 않는 미국의 작은 마을이다. 누군가는 허세를 부리고, 누군가는 비루하지만 대부분 평범한 사람이다. 그중 자칭 작가이자 철학자인 '톰(폴 베타니)'은 책 한 권 낸 적 없지만, 자신이 마을의 도덕률을 책임진다고 생각하는 남자다. 어느 날 톰은 산속에서 마피아를 피해 도망치던 여자, 그레이스(니콜 키드먼)를 만난다. 그를 숨겨준 톰은 마피아의 보스와 우연히 마주친다. 보스는 명함을 주며 여자를 발견하면 연락을 달라고 한다. 톰은 마을에 가서 그레이스를 숨겨주자고 호소한다. 마을 사람들은 그 일에 호의적인 사람과 회의적인 사람으로 나뉜다. 톰은 일단 2주만 그레이스를 지켜보자고 한다.

그레이스는 여러 가지 일을 하며 마을에 적응한다. 사과를 따고, 계단 청소를 하고, 외로운 노인들과 이야기를 나누고, 어린아이들을 돌본다. 그레이스는 마을 사람들에게 소중한 존재가 된다. 그러던 어느 날 그레이스의 사진이 실종자 공고로 붙는다. 마을 사람들은 동요하지만 그를 지켜주기로 한다. 하지만 그레이스가 수배범이 되자 마을 사람들이 돌변한다. 여자들은 그레이스에게 험한 일을 시키고 막말을 한다. 착취가 시작된다. 어떤 남자는 마을에 들어온 경찰 때문에 반항하고 소리 지를 수 없는 그레이스를 강간한다. 그는 저항하는 그레이스에게 이렇게 말했다. "강제로 꽃을 피울 수 있다면 그렇게 하겠어."

좌절한 그레이스는 톰에게 강간당한 사실을 말하지만, 생각만

하고 행동은 하지 않는 톰은 도움이 되지 않는다. 마을 사람들은 더욱 흉악해진다. 톰은 한 남자에게 돈을 주며 그레이스의 탈출을 부탁한다. 하지만 남자는 더 많은 돈을 요구하며 그레이스를 강간한다. 그레이스는 톰이 그레이스를 위해 쓴 돈(톰 아버지의 돈)을 훔쳤다는 혐의까지 받는다.

그레이스의 목에는 쇠사슬이 채워진다. 마을 여자들은 쇠사슬을 찬 그레이스에게 살인적인 노역을 시키고, 남자들은 밤마다 그레이스를 강간한다. 톰은 모든 마을 남자가 그레이스를 가졌는데 그레이스를 사랑하는 자신은 정작 그레이스를 갖지 못했다며 한탄한다. 그레이스는 그런 톰에게 "당신이 슬픈 이유는 나를 강간하고 싶은 유혹 때문"이라고 말한다. 톰은 마피아 두목에게 전화를 건다.

톰이 마피아 보스에게 전화를 건 후 10분이 압도적이다. 그레이스는 마피아 보스의 딸이었기 때문이다. 아버지는 그레이스에게 말한다.

"너는 오만했어."

그레이스는 아버지에게 묻는다.

"당신의 권력과 힘을 언제 저에게 주실 건가요?"

"지금부터라도 당장."

그레이스는 말한다.

"도그빌을 좋은 곳으로 만드는 것은 불가능해요. 이런 곳은 없어져야 해요. 사람들을 총으로 쏘고 이 마을을 불태워주세요. 아이들을 한 명씩 총으로 쏴 죽이면서 엄마들에게 눈물을 참으면 총질을 멈추겠다고 말하세요."

도그빌은 소돔도 고모라도 아니었다. 평범한 사람들이 평범한 삶을 살아가는 곳이었다. 마피아들은 그레이스의 요구대로 도그빌 주민들을 총으로 쏴 죽이고 마을에 불을 지른다. 그레이스는 혼자 살아남은 톰에게 다가간다. 톰이 어떤 반성도 하지 않는다는 걸 깨달은 그레이스는 이렇게 말하며 톰의 머리를 쏜다.

"안녕, 톰."

영화 〈도그빌〉은 예수와 인간에 대한 이야기다. 인간들이 신의 아들인 예수를 어떻게 대했는지 보면 그들의 진짜 모습이 보인다. 보편적인 속성을 개별적인 특징에서 찾는 것은 비약이지만 예수가 신의 아들이란 것을 알기 전까지, 그레이스가 마피아 보스의 딸이란 것을 알기 전까지 그들을 대하는 인간의 모습에서 보이는 공통점은 같다.

〈도그빌〉 속 인간은 두 부류다. 하나는 기회가 생기면 타인을 착취하는 인간이고, 다른 하나는 그런 인간이 옳지 않다고 생각하지만 아무 행동도 하지 않는 인간이다. 그레이스는 이해관계에 묶이는 것이 인간의 본능이고, 본능대로 사는 것이 도덕적인 면죄부인 양 생각하는 게 인간의 숙명이라는 걸 깨닫고 방아쇠를 당긴다. 그럴 수밖에 없는 인간의 속성을 이해하고 현명하게 대처하려 노력했던 예수는 너무나 예외적이고 불가능한 존재였다. 라스 폰 트리에 Lars Von Trier는 핍진성 있는 예수의 모습은 그레이스에 더 가깝다고 말하고 싶은 것이다. 나약한 인간이 곧 사악한 인간이자 진짜 인간의 모습이라고.

06.
16.

그렇게 살다가 이렇게 될 줄 알았다

과거의 추세가 미래에도 계속될 것이라 가정하고 미래를 추정하는 것을 '외삽법extrapolation'이라고 한다. 사실 이 방법 말고는 미래를 추정하는 다른 방법이 없다. 인간의 미래도 비슷하다. 인간은 자신의 미래를 궁금해하지만 잘 생각해보면 우리는 우리 미래를 거의 알고 있다.

아마 우리는 비루하게 커리어를 마감할 것이다. 지금까지 살았던 삶의 방식을 바꿀 수 없기 때문이다. 그다지 매력적이지 않은 인간들과 저녁을 먹고 골프를 치느라 시간을 보낼 것이고, 자식들을 학원에 태워주느라 길바닥에서 시간을 버릴 것이다. 시시껄렁한 드라마와 영화 보는 것을 휴식이라 부르며 시간을 때울 것이다. 그러다 50대 초반이 되면 직장에서 쫓겨난다. 모은 돈은 없다. 나는 누군가를 위해 희생했지만, 그 누군가는 자신이 희생했다고 생각할 것이다.

어쩌면 그 전에 자동차 사고, 비행기 추락, 암 발병, 골절상, 회사의 부도 같은 것이 일어나며 추세에서 하향 이탈할 수도 있다. 하지만 로또 당첨, 초능력 획득, 재벌 아빠의 출현, 재벌 2세의 충격적 사랑 고백으로 인한 추세의 상향 이탈은 없을 것이다.

그러니까 내가 하고 싶은 말은, 우리는 이미 우리의 미래를 알고 있다는 것이다.

그리고

삶의 어느 순간이 되면 "그렇게 살다가 이렇게 될 줄 알았다"고 인정하게 될 것이다.

이것이 평범한 인간이 사는 평범한 인생의 본질이다. 그래서 인간에게는 정해진 길로 가거나, 결단을 내려 정해진 길에서 뛰어내리는 두 가지 길밖에 없다. 숙명으로 향하는 열차에 올라탔고 어차피 내릴 생각도 없다면 불평해봐야 소용없다. 예정된 일정에 몸과 마음을 적응하며 최대한 현재를 즐기는 것이 작지만 확실한 즐거움을 얻는 길이다.

이루고 싶은 것이 생겨 열차에서 뛰어내리기로 마음먹었다면, 목적과 목표를 이루기 위해 몰입하는 것 자체에서 즐거움을 찾아야 한다. 스티브 잡스 같은 인간들은 이런 종류의 즐거움에서만 쾌감을 느끼기도 한다. 자신이 어떤 인간인지는 본인 스스로가 가장 잘 알고 있다. 미래를 안다는 것과 미래를 만드는 것은 이렇게나 간단하다.

06.
19.

어제 한국과 스웨덴의 경기가 끝나기 5분 전에 집에 들어왔더니 둘째는 자고 첫째는 열심히 경기를 보는 중이었다.

"몇 대 몇으로 지고 있니?"
"0대1이요."
"생각보다 잘하고 있나 보네."
"스웨덴은 개못하고 한국은 더 못해요."
"그 정도로 못해?"
"보다가 답답해 죽을 것 같아요."
"이승우는 나왔어?"
"멍청하게 후반에야 교체 투입됐어요."
"전반에 나오면 못할 거라 생각했겠지. 손흥민은?"

"스웨덴 수비수 아무도 못 따라가요."
"그런데?
"한국 공격수도 아무도 못 따라가요."
"슬픈 얘기네."

06.
27.

파리에 와서 유명한 미술가들의 삶에 대해 다시 생각해본다. 모네, 세잔, 고흐 그 누구도 평범한 캐릭터가 없다. 모네는 금수저로 태어났지만 미술가가 되는 바람에 질곡의 삶을 살았고(첫 번째 부인이 영양실조로 죽었다), 세잔은 성격이 괴팍하기로 유명했고, 고갱은 아예 문명의 세계와 등을 진 채 가족들과 영영 이별했으며 열세 살 여자아이와 결혼해 타히티에서 살았다. 고흐의 비극적인 삶이야 말할 것도 없다. 한 번 사는 인생, 무엇에서든 이름을 남겨 영원성을 획득하는 것에 매혹되는 사람도 있겠지만 한 번 사는 인생을 그렇게 사는 건 부질없고 한심하다 보는 사람도 있을 것이다.

고분고분하고 사랑스럽게 부모의 뜻에 맞춰주는 아이가 좋을지, 자기 고집과 주장이 강해 사사건건 부딪히지만 자신만의 세계를 가진 아이가 좋을지 생각해보면 부모로서 수월한 아이는 당연히 전자다. 나는 아이가 내 눈치와 비위를 맞추는 아이가 되지 않기를 바라는데 어쩔 수 없이 나도 전자의 아이를 가진 부모이고 싶을 때가 있다. 그런 부모가 되지 말자고 자주 주문을 외우는 수밖에 없다. 인간의 미래는 불확실하고 현재는 힘들다. 아이가 자신의 삶에 후회하지 않았으면 한다.

06.
29.

파리 여행기 일부

파리에는 계급이 없다. 혁명 덕분이다. 수많은 혁명과 반동을 경험한 끝에 오늘의 프랑스가 있다.

인간은 '혁명' 이전으로 돌아가지 못한다. 혁명을 경험한 후 반동을 통해 퇴행을 경험한 나라도 많다. 러시아가 대표적이다. 혁명을 경험한 적이 없는 나라도 있다. 미국은 내전은 치렀지만 혁명을 경험한 적은 없다. 물론 배를 타고 망망한 대서양을 건너간 것 자체가 혁명일지도 모른다.

인생에서 아직 혁명을 경험한 적이 없다면 당신은 아직도 그 사람을, 그 순간을, 그 사건을 기다려야 한다. 이전으로 돌아갈 수 없다고 느낄 만큼 근사한 음식을 맛본 인생을 산 사람이 그렇지 않은 사람보다 낫다고 생각한다. 그 사람을 만나기 이전으로 돌아갈 수 없다고 느낄 만큼 멋진 대화, 뜨거운 사랑, 훌륭한 만남을 경험해본 사람이 그렇지 않은 사람보다 훨씬 더 낫다. 물론 그런 혁명을 어디서 이룰 것인지 선택해야 한다. 인간은 유한한 존재다. 모든 것의 혁명은 어떤 것에서도 혁명을 일으키지 못한다는 뜻이다.

순수하게 정치적 혁명만 생각해볼 때 프랑스 혁명의 이념인 자유, 평등, 박애의 개념은 어느 날 하루아침에 생긴 게 아니다.
어렸을 때 성당을 다녔다. 주일학교에서 신약성서를 읽으며 가톨릭 교도들이 아프리카와 남미에서 행한 악행들을 잘 연결하지 못했다. 예를 들어, 영화 〈미션〉을 보면서 가톨릭 교도인 스페인인들이 다른 인종과 여성을 차별하고 핍박하는 걸 이해하지 못했다. 게다가 그런 스페인인들을 뒤에서 후원하고 사주하는 것이 로마 교황청이란 사실을 이해하기는 더 어려웠다. 어린 나는 예수의 말이 이런 차별을 금지하는 것이라고 생각했기에 가톨릭 교도라 자처하면서 차별과 박해를 하는 이들의 행동을 이해할 수 없었다. 문제는 그 누구도 이에 대해 명쾌한 설명을 해주지 못했다는 것이다. 원래 부모란 그런 식이다. 꼭 필요하다며 성당까지는 데려가지만 정작 중요한 것은 가르쳐주지 않는다.
시간이 지나고 어른이 되면서 많은 사실을 깨달았다. 인간은 종교적 믿음보다는 경제적 이해관계에 예민하다. 종교적 교리에 대해 체계적으로 생각하는 사람은 드물다. 인권이나 정치적 자유의 개념 자체가 희박한 시대였지만 나처럼 생각한 사람이 없었던 건 아니다. 그런 생각을 가진 사람들은 프랑스 혁명이 반종교적이라기보다는 대혁명이 가톨릭을 폐지하고 뛰어넘는 한편, 가톨릭을 계승하려는 시도를 한다고 본다. 19세기에 쓰여진 쥘 미슐레Jules Michelet의《프랑스 대혁명사》가 펴는 논리다.

역사학자인 엠마누엘 토드Emmanuel Todd도 비슷한 주장을 한다. 가톨릭 국가였던 프랑스에서 대혁명이 가능했던 이유를 혁명의 형이상학과 가톨릭 형이상학의 구조적 유사성에서 찾는다. 신과 구원 앞에서 평등하다는 생각은 권리선언 1조의 "인간은 자유롭게 그리고 그 권리에서 평등하게 태어나 존재한다"는 말과 거의 차이가 없다고 본 것이다. 자유와 평등은 혁명의 특허품이 아니다. 구원이라는 말에 이미 자유와 평등의 개념이 내재된 것이다. 그래서 영화〈미션〉에서 신부들이 원주민들을 위해 희생할 수 있는 것이다.

하지만 대혁명의 진짜 위대함은 라이시테laicite에서 나오는 게 아닐까 싶다.

가톨리시즘과 공화주의(반교권주의)간 투쟁의 시행착오를 거친 프랑스는 결국 정교분리법을 통해 어떤 종교도 공화국의 공식 종교로 인정하지 않게 된다. 따라서 종교를 공공 서비스로 간주하고 지원하던 모든 정책을 1905년을 기점으로 중단한다. 그 전에 지어진 모든 프랑스 교회 건물은 국가 소유가 된다. 흥미로운 것은 신교의 전통이 강한 앵글로색슨 국가인 영국은 아직도 국교로서 성공회가 존재한다는 것이다. 미국은 국교는 없고 정교분리가 되어 있지만 대통령은 취임식에서 성경에 손을 얹고 선서를 한다. 종교적 색채가 남아 있는 것이다.

하지만 가톨릭 전통이 강한 프랑스에서 역설적으로 국가는 어떤 종교적 권한도 행사할 수 없고 종교는 어떤 정치적 권한도 행사할 수 없다. 프랑스가 이렇게 '발전'한 것은 로마 교회의 반근대성과 투쟁한 역사를 갖고 있기 때문이다. 그 투쟁은 영국도 다를 바 없지만 결론은 달랐고, 프랑스는 반종교적인 국가가 되었다(프랑스 정치인들은 좌우를 막론하고 유럽연합의 헌법 초안에 종교색을 최대한 제거하려 노력했다).

1990년대 중반, 프랑스에서는 차도르 착용을 두고 격한 논쟁이 벌어졌다. 파리 교외의 한 중학교가 차도르를 쓰겠다 고집한 여학생을 퇴학 처리하며 논쟁이 시작됐다. 학교는 라이시테를 논리로 내세웠고 반대쪽은 이것이 사실상 인종차별이라 맞섰다. 결국 논란은 몇 가지 논점으로 수렴됐는데 아마 가장 중요한 논점은 '차도르 착용을 원하는 경우에도 착용을 금지할 수 있는가?'일 것이다. 나는 공공장소에서의 차도르 착용에 반대할 수는 있다고 생각하지만 스스로 원해서 차도르를 착용한다면 막을 길은 없지 않나 생각했다.

20세기 세계에서 프랑스 지식인들은 예외적인 존재였다. 독일 지식인들처럼 히틀러를 피해 망명을 갈 필요가 없었고, 수용소에 갇힐 위험도 없었다. 소련 지식인들처럼 스탈린의 탄압을 받지도 않았다. 미국 지식인들이 경험한 매카시즘도 없었다. 20세기 프랑스 지식인들은 행운아였고 그 대표적인 인사가 바로 장 폴 사르트르였다. 사르트르는 평생을 저항의 상징이자 양심의 표본인 좌파 지식인으로 살았다. 역사는 그가 생각했던 이념의 많은 부분이 오류였다는 걸 증명했지만, 드골은 사실상 반정부 인사였던 그를 체포하지는 않았다. 사상과 표현의 자유를 위해 싸운 대혁명의 역사가 없었다면 20세기 프랑스 지성의 전성기는 없었을 것이다.

재미있는 것은 사르트르와 달리 마르크스주의와 사르트르를 비판한 레몽 아롱Raymond Aron의 존재다. 그는 사르트르의 친구였지만 1950년부터 1960년대에 사르트르의 유토피아적 생각과 공산주의에 대한 절대적 지지를 격렬하게 비판했고, 1970년이 되자 거의 모든 사안에 대해 사르트르가 아닌 아롱이 이겼다는 사실을 깨닫게 만들었다(지금은 더 확실해 보인다). 흥미로운 점은 아롱이 박정희의 죽음과 서울의 봄에 대해서도 비관적인 전망을 한 적이 있고 (안타깝게도 그의 전망이 대부분 맞았다), 그의 자유주의 사상은 현재 프랑스 대통령인 에마뉘엘 마크롱으로 이어지고 있다는 점이다.

파리에서의 3일 중 첫째 날은 에펠탑을 둘러보고 호텔 근처에서 식사를 한 후 센강에서 유람선을 타는 것으로 마무리했다. 에펠탑은 예상한 것보다 훨씬 컸다. 성수기가 아닌데도 줄이 너무 길었다. 에펠탑도 그렇고 루브르 유리 피라미드도 그렇고 모두 많은 사람의 반대를 무릅쓰고 만든 건축물이다. 반대하는 사람은 반대하고 만드는 사람은 만든다. 그리고 세계에서 몰려든 나 같은 사람들이 유람선을 타고 에펠탑을 즐긴다. 나는 한강 유람선도 좋아해 많은 상념이 들었지만 최대한 머리를 비우며 파리의 한가한 저녁 공기를 만끽하려 노력했다.

둘째 날은 '유로 자전거 여행'을 통해 오르세 미술관 투어를 한 후 오페라 극장을 구경했다. 이후 몽마르트르 언덕과 성심 성당을 구경했다가 프랑스 대사님을 만나 저녁을 먹고 센강을 산책하다 호텔로 돌아왔다. 유로 자전거 여행 투어는 약속 장소 근처에 있는 카페에서 아이패드로 그림을 보며 그림에 대한 설명과 이야기를 들으며 시작했다. 그리고 오르세 미술관에서 두 시간 정도 자유시간을 가졌다. 나는 전날 잠을 못 자서 인상파 화가들의 그림을 한 시간 정도 본 후 미술관 소파에서 15분 정도 잤다(좀 흉했겠지만 어쩔 수가 없었다. 그래도 한국 여자아이가 다리가 아프다고 엄마에게 징징거릴 때 벌떡 일어나 자리를 양보해줬다). 그리고 다시 나머지 시간 동안 고흐와 고갱 그리고 야수파의 그림을 봤다.

개인적으로 수잔 발라동Suzanne Valadon이란 인물에게 상당한 애정과 연민을 가지고 있었는데 이번 여행에서 그의 그림과 자취를 확인하니 기분이 묘했다. 19세기 유럽 예술사에서 빼놓을 수 없을 정도로 유명한 인물이라 설명이 필요 없을 정도다.

그는 가난한 집에서 태어나 세탁소 잡역부 같은 험한 육체 노동을 하면서 집안 살림을 꾸렸다. 그걸로도 부족해 아르바이트로 서커스 곡예사를 했다. 곡예를 하다 허리를 다친 발라동은 모델 일을 했다. 당시 화가의 모델은 그림을 위해 포즈를 취하는 것뿐 아니라 화가들의 성적 욕구를 채워주기도 하는 험한 일이었다. 문제는 그의 존재감이 그런 역할에 머물기엔 너무 컸다는 것이다. 그는 퓌뷔 드 샤반Puvis de Chavannes, 르누아르Renoir, 툴루즈 로트렉Toulouse Lautrec, 모리스 위트릴로Maurico Utrillo 등의 모델이 되고 그들과 친구 혹은 연인의 관계를 맺었다. 르누아르 그림에서 발라동은 홍조를 띤 귀여운 아가씨로 등장하고 로트렉의 그림에서는 삶에 지치고 고뇌에 찬 사람으로 등장한다. 하지만 아마 진짜 모습은 직접 그린 자화상에 가장 잘 담겨 있을 것이다.

열아홉 살에 사생아를 낳은 발라동은 아이가 알코올 중독에 걸렸다는 사실을 알고 정신을 차리게 된다. 발라동의 아이는 위트릴로의 성을 따 모리스 위트릴로가 되고 아들 또한 나중에 유명한 화가가 된다. 발라동이 아버지일 가능성이 있는 화가들에게 아들을 데려가 그림을 배우게 했다고 하는데, 그러면서 그 자신도 그림을 배운다. 이후 스물세 살 연하였던 에릭 사티Eric Satie와 사귀게 된다. 에릭 사티의 유명한 곡 〈난 널 원해Je Te Veux〉를 들으면 발라동의 이미지가 대략 그려질지도 모르겠다. 자신을 버린 스물세 살 연상 여인에게 "난 널 원해"라고 말할 수밖에 없었던 사티의 마음을 나로서는 알 길이 없다.

발라동은 나중에 은행가인 폴 무시스Paul Moussis와 결혼하지만 결국 헤어지고 만다. 발라동이 그의 아들인 모리스보다 세 살 어린 친구와 사랑에 빠졌기 때문이다. 그리고 발라동은 그와 헤어진 후 그림에 전념한다. 말년의 발라동은 아들과 함께 꽤 성공한 화가였다.

07.
02.

지난주에 둘째가 아내에게 물었다고 한다.
"엄마는 욕구가 충족되면 행복해요? 행복하면 욕구가 충족돼요?"
당신은 어느 쪽인가?

07.
03.

1.
좋은 대화는 축구 같다. 한 사람이 공을 독점하면 그 경기는 망한 것이다. 나이가 들수록 인간은 축구 대신 프리스타일을 하려 든다. 그건 축구가 아니라 쇼다. 본인만 재미있을 뿐이다. 실은 다들 딴 생각을 하고 있다.
  내 직업이 좋은 이유는 그런 인간과 축구 따위 안 해도 그만이라는 것이다. 내게는 만나면 훌륭한 축구 경기를 할 게 분명한 사람들이 있다. 그런 사람이 있어야 인생이 즐겁다.

2.
인간의 운명을 결정하는 게 정치라면, 정치를 결정하는 것은 경제라 말할 수 있다. 경제를 모르면 예수도 아무 말도 할 수 없는 시대가 된 것이다. 신성모독 같은 발언이지만 진짜 그렇다. 경제를 모르면 어떤 지점부터는 아무 말도 할 수 없게 된다. 세상은 정책에 의해 바뀌지만 중요한 정책은 대부분 경제적 함의가 있고, 경제적 함의에는 늘 비용과 편익, 이익을 보는 자와 손해를 보는 자가 있기 때문이다.

07.
06.

초여름과 한여름을 넘나드는 날씨다. 몇 년 전 샀던 하얀 리넨 바지를 입고 작년에 산 크림색 폴 스미스 티셔츠를 입었다. 얼마 전 도쿄 컨버스에서 산 격자로 된 하얀색 스니커즈도 신었다. 오랜만에 파란색 하늘이 하얀 구름과 함께 있는 걸 봤더니 기분이 좋아졌다. 여름에는 하얀 옷과 신발들이 진리다.

세상에는 날씨에 영향을 받는 사람과 받지 않는 사람이 있는데 나는 단연 전자다. 내게 돈을 많이 번다는 건 내가 좋아하는 날씨를 택해서 살 수 있다는 걸 의미하지 않을까 싶다.

유학을 갔던 내쉬빌Nashville은 겨울에도 영하로 잘 떨어지지 않는 곳이었다. 여름이 되면 모든 게 익어버릴 것처럼 덥지만 습하지 않아서 아주 한낮만 아니면 테니스도 칠만했다. 게다가 중간고사가 끝나고 기말고사가 시작하는 몇 달 동안은 정말 매일매일 구름 한 점 없이 청명한 날씨가 펼쳐졌다. 그 시설 좋은 도서관에 정말 개미 한 마리도 없던 적이 많다. 학생들은 모두 잔디밭에 누워서 혹은 집에서 창문을 열고 음악을 들으며 공부를 했다. 처음에는 웃기다고 생각했는데 도서관에서 공부를 하다 깨달았다. 이런 날에 음습한 도서관에 처박혀 있는 것은 불가능하다는 걸.

20년이 넘었는데도 완벽에 가까웠던 신학대학 앞 잔디밭이 생각난다. 그때는 바다가 없는 내쉬빌을 그다지 좋아하지 않았다.

07.
13.

조찬 미팅이 있어 아침 7시에 허겁지겁 도착했는데, 알고 보니 7시 반 미팅이었다. 덕분에 20분 동안 시원한 테라스에서 오렌지 주스를 마시며 신문을 읽었다.
   조찬 미팅에서 이런저런 재미있는 이야기를 들었다. 듣다 보니 2020년까지 목표로 한 일을 이룰 수 있을지는 모르겠지만, 그 목표가 내가 생각하는 재무적 목표와는 완전히 다른 곳으로 갈 게 분명하다는 생각이 들었다. 완전히 더 벌거나 완전히 기대에 못 미치거나. 아마 그 중간은 없을 것 같다.

07.
18.

공부를 못하는 아이에게 과외를 시키려는 아내에게 "과외 안 해도 공부 잘하는 애 많아" 혹은 "꼭 공부를 잘해야 성공하는 게 아니야"라고 말하는 아빠 중에 진심으로 그렇게 믿는 경우는 별로 없다. 생각하기 싫고 행동하기 귀찮아서 하는 말일 뿐이다. 불행한 가족의 대화법이다.

07.
24.

1.
고심해서 원칙을 만든다. 그렇게 만든 원칙을 사수한다. 원칙을 사수하지 못하게 만드는 인간적 나약함과 싸우고 또 싸운다. 그렇게 사수한 원칙이 잘못된 걸 깨달았을 때 기쁜 마음으로 원칙을 고친다. 다시 그 원칙을 사수한다. 영원히 끝나지 않는 투쟁이다.

　잘못된 선택은 누구나 할 수 있다. 중요한 것은 잘못된 선택 다음의 선택이다. 다시 원칙으로 돌아올 것. 원칙이 무엇인지 모르겠다면 조용히 생각하면서 원칙을 만들 것.

2.
도덕으로 정치를 하면 자신이 주장하는 도덕적 원칙을 벗어나는 순간 원칙으로 돌아가도 용서받기 어렵다. 타인을 단죄한 원죄가

있기 때문이다. 도덕적 우월함을 과시하다 불법을 저지르면 도덕
적 우월함은 순식간에 사라지고 폭풍이 몰아친다. 법은 최소한의
도덕을 규정한다. 법을 위반한 도덕주의자는 권위를 잃고, 권위를
잃은 도덕주의자에게는 아무것도 남지 않는다.

도덕적 우월함을 전제로 자식을 훈계하거나 과시하는 일은 하
지 않는다. 그건 힘의 우월함에 기댄 위선일 뿐이다. 서로간의 계
약과 약속의 준수만을 묻고 책임을 지게 할 뿐이다. 어릴수록 권한
보다 의무를 강조하고, 나이가 들수록 의무보다 책임을 강조한다.

07.
26.

⟨미션 임파서블: 폴 아웃⟩을 보았는데 대사 하나가 가슴에 남는다. 루터(빙 레임스)가 일사(레베카 퍼거슨)에게 말한다. "He is a good man."

당신 카카오톡 친구 리스트에서 저렇게 말할 수 있는 사람은 얼마나 되는가. 착한 사람, 똑똑한 사람, 예의 바른 사람, 냉철한 사람은 있지만 좋은 사람은 드물다. 살다 보면 원칙을 사수하기 위해 착한 사람이 되지 못할 때도 있다. 예를 들어 누군가가 자식의 인사 청탁을 간곡히 해오면 거절할 수밖에 없지만 누군가에게는 야속한 사람이 될지도 모른다. 하지만 예를 다해 거절하면 무례하지 않을 수 있다(이게 논어의 가르침이다). 그러면 착한 사람이 되는 건 실패할지도 모르지만 여전히 좋은 사람일 것이다.

07.
29.

1.
매출 천 억 회사를 운영하는 선배가 있다. 나는 그가 사업을 시작할 때부터 직원들과 식사나 술자리를 같이 하지 말라고 충고했다. 지난주 일요일 공장에서 집으로 가는 길에 나를 만나러 온 선배가 "네 말을 들을걸 후회하고 있다"고 했다. 자신은 밥을 사주며 격려했다고 생각했지만 중국 지사의 직원들은 "사장 접대하느라 힘들었다"고 말하는 걸 들었다고 한다.

회식 자리에서 사장을 극진히 접대하는 직원을 보는 나의 관점은 '접대도 잘하니 일도 잘하겠구나'와 '가장 힘든 일을 끝냈으니 이제 일은 안 하겠구나' 중에서 후자에 가깝다. 전자에 해당하는 직원이 없진 않겠지만 그런 직원은 웬만하면 다른 사람 밑에서 일하지 않는다.

내 경험으로 금융시장에서도 자산운용사는 제조업 느낌이었고 외국계 은행과 증권사는 회사 안의 자영업자 느낌이었다. 자산운용사는 수익률보다 수탁고가 중요한데 수탁고를 늘리려면 수익률이 중요하지만 그 둘이 항상 같이 가지는 않는다. 은행이나 증권사 트레이더는 번 돈에 따라 성과가 결정되고 다른 사람이 개입할 여지가 별로 없다. 임원이나 트레이딩 헤드의 역량은 자신이 얼마나 자리에 어울리는 큰 포지션(혹은 올바른 디렉션)으로 돈을 벌었는가와 얼마나 괜찮은 직원을 뽑아서 쓰고 있는가로 결정된다. 투자의 세계에서는 평범한 직원 열 명보다는 당연히 뛰어난 직원 한 명이 중요하다.

2.

나는 독립적인 사고를 하는 사람independent thinker과 일하고 싶지만 모든 사람이 그런 건 아니다. 인간에게는 자기 파멸의 본능이 있어서 손실을 보는 포지션에 쾌감을 느끼고 자기 회사가 망가지는 걸 즐기는 모순이 있다. 누가 했는지에 따라 사안에 대한 평가가 달라진다면 'independent thinker'가 아니다.

첫 번째, 모든 형태의 역사 교과서 국정화에 반대하는 사람이 있다. 두 번째, 우파적 성향의 역사 교과서 국정화에 반대하는 사람이 있다. 세 번째, 좌파적 성향의 역사 교과서 국정화에 반대하는 사람이 있다. 첫 번째는 'independent thinker'지만 두 번째와 세 번째는 흔하디흔한 집단적 사고groupthink를 하는 사람들 중 하나다. 같은 짓을 해도 박근혜가 하는 것과 문재인이 하는 것에 대한 평가가 달라지는 건 흔한 일이다. 포지션의 유무와 정치적 성향과 무관하게 독립적인 사고를 하려면 치열한 노력이 필요하다. 본성에 반하기 때문이다.

3.
삶은 가능성으로 가득 차 있다. 혁신할 구석이 너무 많아서다. 이걸 아이들에게 설명해주려고 했는데 거의 불가능했다.

스타벅스는 혁신할 요소가 적은 카페다. 음악만 해도 내가 손을 본다는 게 무리다. 인테리어 역시 마찬가지다. 본사에서 일정한 경향과 수준을 통제하는데 내 수준에서 인테리어를 바꾼다는 게 오버다. 하지만 재무 상황과 메뉴는 디테일을 안다면 혁신할 구석이 있을지도 모른다. 동네 카페는 어떨까? 음악, 메뉴, 인테리어까지 혁신할 요소가 적지 않을 것이다.

대부분 회사가 그렇다. 한국의 많은 출판사는 팔리지 않을 책을 계속 낸다. 혹시라도 그중 하나가 대박을 내지 않을까 기대하는 것이다. 그런 책이 탄생하면 마치 화전민처럼 그런 스타일의 책들로 옮겨간다. 경력도 이름도 잘 알 수 없는 저자들의 얄팍하고 가벼운 에세이들이 마구 쏟아지는 건 그래서다.

4.

미국은 등단 제도가 없다. 작가가 된다는 건 좋은 출판사에서 책을 낸다는 걸 의미한다. 그렇기에 미국은 좋은 출판사의 좋은 편집자가 많은 권한을 가진다. 유명한 작가들은 대부분 자신을 발굴하고 책을 만들어준 편집자들에게 고마움을 표시할 줄 안다. 레이먼드 카버도 그랬고 토니 모리슨도 그랬다. 심지어 토니 모리슨은 편집자 출신이었다. 하지만 한국은 작가들이 매체를 통해 등단한다. 작가를 인정한 게 독자와 시장이 아니라 매체다. 좀 웃기지만 이게 한국 스타일이다. 하지만 시간이 지나면 한국도 미국처럼 바뀔 것이다. 미국의 시스템이 더 세기 때문이다. 누군가 혁신을 주도하면 바뀐다. 필요한 건 약간의 자본과 에너지다.

08.
08.

1.
오늘 새벽 아내가 에어컨이 잘 안 되는 것 같다고 했다. 나는 잘 되는 것 같다고 했다. 지금 바깥 온도로 보니 에어컨이 잘되지 않으면 간밤에 잠을 잘 수도 없었을 거라고. 하지만 아주머니도 거들었다. 에어컨이 안 되는 것 같아요. 첫째도 거들었다. 안방 에어컨도 차가운 바람이 안 나와요. 나는 혼자 외롭게 아니라고, 에어컨은 잘된다고 말했다. 그랬더니 아내가 당신은 에어컨 바로 아래서 일을 하기 때문에 그렇게 느끼는 거라고 했다. 그건 맞는 말이지만 늘 에어컨 아래서 일을 하기 때문에 지금 에어컨이 평상시와 같은지 다른지도 가장 예민하게 알 수 있다고 생각했다.

에어컨이 문제 없이 잘된다고 주장하는 나와 에어컨이 잘 안 된다고 생각하는 세 명이 대치하는 상황이었다. 그렇다면 에어컨이 잘 안 된다고 생각하는 사람들이 조치를 취하면 된다. 하지만 세 명 모두 내게 조치를 바라고 있었다. 아무도 그렇게 말하지 않았지만 알 수 있었다. 모두가 입을 다문 채 사납게 외치고 있었기 때문이다. 네가 에어컨을 고쳐야 해. 그래서 나는 바쁜 와중에 AS 센터에 전화를 걸었다. 두 번인가 끊긴 끝에 통화가 되었고(ARS는 계속 내게 통화가 안 될 거라고 집요하게 협박했다) 접수에 성공했다. 안내해준 분 말로는 5~7일 정도 후에 수리 기사가 방문할 거라고 했다. (진짜 에어컨이 고장 났으면 어쩌라는 걸까.)

내가 그분과 통화를 하는 동안 첫째가 오더니 안방 에어컨이 잘된다며 속삭였다. 나는 알았다고 (실은 알고 있다고) 고개를 끄덕였다. 내가 가방을 챙기고 있는데 아주머니가 "이제 에어컨이 잘 나오는 것 같네"라는 혼잣말을 하셨다. 이미 출근한 아내는 전화로 에어컨 제품 번호를 알려달라고 했다. 나는 이미 접수를 했고 5~7일 후에 올 예정이라고 말해줬다.

나는 이 상황이 내 삶에 대한 신랄한 메타포라고 생각했다. 다들 악의는 전혀 없지만 내 주장에 동의하지 않는다. 내가 옳다는 걸 입증할 방법은 시간뿐이다. 그러나 아무도 기다려주지 않는다.

2.

주말 동안 S형과 이런저런 이야기를 하다 건강하던 교수님들이 갑자기 돌아가시는 경우에 대해 이야기를 나눴다. 모두 마라톤을 하던 분들이라고 했다. 또 한 분은 건강이 좋지 않아서 영월로 이사를 갔는데 그곳에서 건강이 더 나빠져서 돌아가셨다고 했다. 물론 몇 가지 사례만 보고 '마라톤이 건강에 나쁘다'가 될 수는 없겠지만 돌아가신 외삼촌도 암 말기 환자가 되기 전까지는 계속 뛰었다. 내가 "살이 빠지셨네요"라고 물었을 때도 "요즘 뛰는 거리를 늘려서"라고 답하셨다.

무라카미 하루키처럼 잔병치레도 없이 열심히 마라톤을 하는 사람도 있지만 나는 뛰는 운동을 좋아하지 않는다. 특히 장거리 달리기는 괴롭고 싫다. 장거리 달리기를 즐겨 하는 이들의 체형도 전혀 부럽지 않다. 느닷없이 이런 정신 없는 글을 쓴 이유는 어제 친구 아버지 장례식에 다녀왔기 때문일 것이다. 장남인 친구의 모습은 오랜만에 봐서인지 조금 낯설었다.

무라카미 하루키와 가와카미 미에코의 대담집 《수리부엉이는 황혼에 날아오른다》(문학동네, 2018)에 미에코가 하루키에게 죽음에 대해 물어보는 대목이 있다. 하루키는 부모 세대가 인생을 마쳐가는 모습을 보는 기분은 절실하다고, 죽음이 어떤 것인지 실감하게 된다고 말한다. 젊고 건강했던 부모님의 모습이 또렷하기 때문이다. 그런 그들이 늙어서 힘을 잃고 죽음을 향해가는 모습을 지켜보면 살아 있는 동안은 충실하게 살아갈 수밖에 없다는 게 그의 생각이었다.

08.
15.

1.

스파링을 해보기 전에는 빠른 주먹과 움직임으로 상대를 압도하는 상상을 하곤 했다. 링에 올라가 깨달은 건 상대도 나처럼 죽기 살기로 주먹을 휘두른다는 거였다. 맞을 각오를 하지 않으면 때릴 수 없다. 내가 시장보다 허접한 논리를 갖고 움직이면 두들겨 맞을 뿐 돈을 벌 수가 없다. 맞는 것은 싫지만 막상 맞아보면 상상했던 것처럼 나쁘지는 않다. 맞는다는 두려움이 맞는 것보다 훨씬 더 강력한 고통을 준다. 그래서 몸은 굳고 느려진다. 악순환이다. 이런 악순환을 깨는 것은 경험과 훈련뿐이다.

2.

무라카미 하루키의 〈침묵〉을 일본어로 녹음해서 차를 타고 다니며 듣는데, 녹음을 해준 일본 친구가 곧 출산을 한다. 그 친구를 소개해준 일본어 선생님이 요즘 일본에서 인기 있는 게 한국 누빔 이불이라고 얘기해줬다. '이부루'라고 하는데 그 이불을 사는 게 요즘 일본 엄마들 사이에서 트렌드라고 한다. 한국에서 2만 원 정도 하는데 일본에서는 5천~6천 엔에 팔린다고 한다. 선물로 하나 보내줄까 했는데 배송비가 너무 많이 들어 일본에서 사는 게 낫지 않을까 싶다. 소비자의 디테일한 수요란 무엇일까 생각하게 된다.

08.
17.

구체적인 목표를 세워 꾸준히 하는 놈이 결국 이긴다.

08.
19.

많은 쪽이 옳은 게 아니라 옳은 쪽이 옳은 것이다.

08.
22.

쪽팔려도 괜찮아

실력과 걸맞은 회사에 취직하지 못하는 사람, 자신보다 떨어지는 상대와 연애하는 사람, 말은 잘하고 분석은 뛰어나지만 돈은 없는 사람은 대개 비슷한 특징을 갖고 있다. 다른 사람들의 시선에서 자유롭지 못하다는 것이다. 기질적으로 그런 약점을 갖지 않고 태어난 사람도 있겠지만 나는 아직까지 그런 사람을 보지는 못했다. (그런 히어로 같은 인간이 한가하게 내 주변에 얼쩡거릴 리가 있겠는가.)

이런 약점은 없는 게 아니라 극복하는 것이다. 우리는 노력을 통해 그런 약점과 싸우며 앞으로 조금씩 전진할 수 있을 뿐이다. 좌우명까지는 아니지만 내 카카오톡 프로필에는 이렇게 써 있다.

쪽팔려도 괜찮아.

인간을 망치는 건 과도한 자의식이다. '쪽팔린 순간이 얼마나 많았는가'가 삶을 바꾼다.

08.
30.

〈중앙일보〉가 홍콩과 미국 등에서 집값이 너무 올라 공장과 기숙사로 내몰리는 2030의 삶에 대한 심층기사를 썼다. 소득에 비해 홍콩의 집값은 최강이다. 한국 집값은 2000년과 비교해 30퍼센트 올랐지만 홍콩은 164퍼센트 올랐다. 연 소득 중간값의 19.4배가 홍콩의 평균 집값이다. 사실 홍콩에서 집값이 버블이라고 말하는 건 별 의미가 없다. 다른 어느 나라에서도 그렇다. 미국 집값이 버블이라고 난리쳤을 때를 기억하는가? 그때 앨런 그린스펀 Alan Greenspan을 비롯한 많은 경제학자가 버블이 버블인지 알 수 있는 방법은 없다고 생각했다(다른 지역이나 다른 자산보다 비싸거나 싸다고 말할 수는 있다). 그런데 지금 미국 집값은 많은 도시에서 2007년 고점을 넘어섰다. 그렇다면 지금 미국 집값은 버블인가? 아니라면 왜 아닌가? 무엇보다도, 그때보다 더 높은 집값을 보면서도 미국 사회는 이렇게 조용한가?

나는 질문 자체를 바꿔야 한다고 생각한다. 홍콩 집값이 버블인 것도 심각한 문제지만 더 중요한 문제는 그렇게 집값이 높은 홍콩에 왜 젊은이가 모이냐는 것이다. 대답은 간단하다. 살인적인 집값에도 불구하고 홍콩에서 일하면 더 많은 돈을 벌기 때문이다. 그리고 그 선택은 옳은 것이다. 아무리 뛰어난 능력이 있어도 쇠락하는 도시에서는 돈을 벌기가 어렵다. 무엇보다 돈을 벌 능력이 있는 사람이라면 그런 도시에 있지 않는다. 미국에서 지난 50년간 가장 드라마틱하게 쇠락한 도시는 디트로이트다. 인구의 절반이 줄어든 디트로이트를 떠나지 못하는 시민들은 대부분 교육 수준이 낮고, 숙련된 기술이 없다.

망하고 있는 도시에 살고 있다면 어서 떠나라. 돈을 벌고 싶으면 성장하는 도시(국가)로 가야 한다. 돈을 버는 도시(국가)를 만들고 싶다면 제대로 된 도시를 만들어라. 사람들이 모여드는 도시가 최고의 도시다.

09.
09.

토요일에는 최대한 몸과 영혼을 쉬려고 하지만 쉽지 않다. 생각을 수면 아래로 놓아둔다고 가만히 있는 게 아니어서다. 20년 가까이 트레이딩을 해왔지만 가장 어려운 건 내가 틀렸다는 사실과 장기적으로 보면 내가 옳을 것이란 신념 사이에서 옳은 선택을 하는 것이다. 후자가 옳을 것 같지만 대개는 내가 틀렸다는 걸 빨리 인정하는 사람이 이긴다. 전자는 생존하고 후자는 아주 일부만 대박을 거둔다. 확률이 높지만 편익은 작은 생존과 확률은 낮지만 편익은 높은 대박 중에서 인간은 선택해야 한다. 대박을 노린다면 당연히 집중투자를 선택할 수밖에 없다. 그리고 그런 운명을 택했다면 집중을 위한 희생은 필수다.

09.
14.

나쁜 놈과 멍청한 놈들만 골라 사귀는 놈도 문제가 많은 놈 아닌가 싶다. 문제는 주위에 나쁜 놈과 멍청한 놈밖에 없는 인생일 것이다.

09.
16.

1.

어제 오랜만에 고등학교 친구들을 만났다. 치과의사인 친구는 어깨를 못 들 정도로 심한 어깨 통증에 시달리고 있었고 한의사인 친구는 자신도 매주 마사지를 받는다고 했다. 종합병원 폐암 전문의인 친구는 통풍痛風의 기운이 느껴진다며 맥주 대신 와인을 마셨다. 공교롭게도 세 명 다 집이 없었다.

  치과의사인 친구는 송도에 분양을 받았다 손해를 보고 팔았는데 그 뒤로 집값이 꽤 올랐다. 한의사인 친구는 생화학 전공으로 석사까지 마치고 원주에 있는 한의대를 다시 입학해 졸업했는데 시작이 늦어서인지 고생을 많이 했다. 지금은 어느 정도 자리를 잡은 듯했지만 얼마 전 자신이 살고 있는 아파트가 급매 3억에 나왔는데 사지 않았다고 했다. 집주인이 3억 6천짜리 집을 급하

게 팔려고 하는데 사지 않겠느냐 물었고, 사지 않겠다고 했다고
(지금 그 아파트 가격은 4억 정도다). 내가 "집을 사지 그랬니?"라고
했더니 "돈이 없었다"고 했다. "그 정도 금액이면 대출 받아봐야
이자도 얼마 안 될 텐데"라고 했더니 "그러고 싶지 않았다"고 했
다. 폐암 전문의인 친구는 개포동에 살지만 집이 없다. "도대체
누가 집을 살 수 있는 거야?""라고 물어서 "집은 대출을 받아 평
생 갚는 것"이라고 했다. "강남에 가면 1억짜리 차들이 수두룩한
데 그런 차를 타는 사람들은 얼마짜리 집에 사는 게 적당할까"라
고 말했다가 분위기가 조금 싸해졌다.

어제 모임에 나오진 않았지만 삼수를 해서 의대를 졸업한 친구
는, 지금까지 두 번 내게 집을 사야 하냐고 진지하게 물었다. 한
번은 5년 전이었고 한 번은 작년이었다. 작년 봄에는 충남에 가던
내게 대치동 집을 계약하러 간다며 여러 번 전화를 해서 잘못된
기차를 타게 했다. 올해 1월 모임을 하기 전에 내게 전화를 걸어
"친구들이 알면 기분이 그럴 수 있으니 자신이 대치동에 집을 산
이야기는 하지 말아 달라"고 부탁한 착한 친구다. 물어보는 것과
물어보지 않는 것. 행동하는 것과 행동하지 않는 것.

2.

내가 졸업한 고등학교는 용산의 작은 사립 고등학교다. 효창동 부
촌에서 서계동 낡은 판잣집까지 다양한 출신들이 한 반에서 공부

했다. 그 시절만 해도 대기업 자손들 모두 한국에서 고등학교를 다녔을 때다. 효창동에 살던 친구들 중 한 친구는 집에 수영장이 있었고, 한 친구는 집에 테니스장이 있었다. 수영장이 있던 친구는 택시회사 사장 아들이었고 테니스장이 있던 친구는 전라도 최고(최대) 기업 아들이었는데 IMF 금융위기 때 부도가 났다. 서울대를 졸업하고 스탠포드에서 MBA를 졸업한 큰형이 군산에 F1 경주장을 기획했기 때문이다. IMF 금융위기로 당시 환율이 2천 원까지 오르는 사태를 맞아 버틸 재간이 없었을 것이다. 계열사를 몇 개씩 거느린 준재벌 기업이 택시회사만도 못할 수 있다는 걸 보여준 사례였다. 하지만 썩어도 준치라고 어제 모임에서 만난 친구들 중 그 친구만 유일하게 집이 두 채 이상 있었다. 친구는 "강남은 돈이 없어 못 사지만 강북에는 잘 고르면 싼 집이 많더라"고 말했다.

집으로 오는 길에 왜 이런 일이 생겼을까 곰곰이 생각해봤다. 용산에서 나고 자란 친구들은 대학을 졸업하고 직장을 잡으며 대부분 지겨운 용산을 떠났다. 하지만 자신들이 살고 싶은 강남 같은 곳에 (대출을 받지 않는 한) 원하는 집을 살 여유는 없었다. 대부분 전세나 월세로 살며 아이들을 키우고 있다. 그러는 동안 용산은 꽤 개발이 이뤄졌다. 강남에서 고등학교를 졸업한 친구들은 그곳에서 결혼하고, 아이들을 키웠다. 집값은 올랐다. 물론 모두가 그렇게 된 건 아니라 일반화할 수는 없다. 하지만 뭔가 일정한 흐름이 있고 그 흐름에는 안타까운 부분이 있다.

10.
03.

트레이딩을 하며 제일 괴로운 건 누구도 내게 지시를 내리지 않는다는 것이다. 적어도 투자와 트레이딩에서는 배우고 싶어도 배울 수 있는 방법이 많지 않다. 수많은 생각과 시행착오를 거쳐 조금씩 나아갈 수 있을 뿐이다.

외삼촌이 투병하는 모습을 보며 생각했다. 고통은 희망으로 이어지지 못한다. 암을 100퍼센트 치료하는 방법도 없지만 암을 100퍼센트 막는 방법도 없다. 그렇기에 강한 인간들도 원칙을 못 지키는 것이다. 균형 있는 식사? 충분한 휴식과 수면? 스트레스 없는 삶? 그런 게 과연 우리를 암과 질병으로부터 100퍼센트 지켜줄 것인지도 알 수 없고, 설령 그렇다 한들 인간은 즐거움과 쾌락을 포기하지도 못할 것이다.

10.
07.

얼마 전 S형과 이런 대화를 나누었다.

"이제 트위터도 하기 싫어요."
"왜?"
"얼마 전에 도시가 농촌보다 최저임금이 높으면 농촌 인구가 도시로 이동하며 도시와 농촌간 격차가 더 커진다고 주장하는 노동연구원 연구위원이 있어서, 농촌 인구가 도시로 이동하면 농촌 임금이 올라가면서 도시와 농촌간 격차가 줄어든다고 썼더니 욕하는 사람이 많더라고요. 도무지 지적인 토론이 안 되는 것 같고 이런 글을 올리는 게 무의미한 것 같습니다."
"나는 네가 그런 글을 쓰는 게 충분히 의미가 있는 것 같아. 물론 너에게 적대감을 표시하거나 욕을 하는 사람도 있겠지만 조용히 공감하는 사람이 훨씬 많을 거야."

"과연 그럴까요?"

"내 강연이나 칼럼에도 반감을 표하는 사람들이 있지만 나는 조용히 공감해주는 사람이 훨씬 많다고 믿어. 결국 시간이 지나면 누가 옳은 말을 하고 누가 틀린 말을 하며 사실을 왜곡하는지 밝혀지지 않을까?"

"그랬으면 좋겠네요."

S형은 당연한 이야기를 진지하게 하는 경향이 있는데, 그런 경향은 흔들리는 사람에게 상당한 위안이 되기도 한다.

10.
13.

1.
우연히 〈백종원의 골목식당〉을 봤는데 재미있었다. 세상에 저렇게 아무 생각 없이 장사하는 사람이 많다는 것보다 백종원이 그런 사람들을 너무나 잘 다뤄서 놀랐다. 카페와 식당은 혁신의 여지가 많을 수밖에 없는 곳이다. "그렇게 하면 안 된다"는 지적에 손을 안 씻고 원두를 만지는 걸 고치는 것도 혁신이다. 하지만 그런 지적을 하면 미안해하기보다는 기분 나빠하는 사장들도 있다. (실제로 겪은 일이다.) 몇 년째 똑같이 맛없는 메뉴들을 만들면서도 개선할 생각이 전혀 없는 곳이 많다. 그들은 왜 내 메뉴는 맛이 없을까 고민하지 않는다. 손님이 오지 않는다고, 경기가 나쁘다고 불평할 뿐이다. 물론 손님들이 무식해 맛을 모를 수도 있고 정책이 잘못돼서 경기가 엉망일 수 있다. 하지만 내가 바꿀 수 없는 것 대신 바꿀 수 있는 것에 집중하는 게 능력이다.

2.

둘째 아빠 핸드폰 좀 하면 안 돼요?
나 안 돼. 사용 시간 끝났습니다.
둘째 할 게 없어요.
나 할 게 없으면 하지마.

10.
20.

영화 〈스타 이즈 본〉

〈스타 이즈 본A Star is born〉을 봤다. 영화에서 잭(브래들리 쿠퍼)은 컨트리와 록의 경계를 넘나드는 유명한 천재 가수지만 청력에 문제가 있고 무엇보다 알코올 중독자다. 모든 곡을 직접 만드는 천재지만 아름다운 곡은 심한 자기 파괴의 결과다. 자신의 한계를 자각하고 있지만 그 한계를 부수고 넘어서지 않으면 뭔가 근사한 걸 만들어낼 수가 없다. 게다가 나이가 들면서 술의 힘을 빌려 자신을 파괴하지 않으면 단단해진 한계를 더 이상 넘어설 수가 없게 됐다. 변명 같지만 그런 상황에 처하지 않고서는 그게 엄살이라고 힐난할 수만은 없다.

이런 잭에게 알코올 말고도 영감을 주는 존재가 나타난다. 가수 지망생인 알리(레이디 가가)다. 술이 필요해 우연히 들어간 드랙

바drag bar에서 잭은 상송 〈장밋빛 인생〉을 부르는 알리와 만나게 된다. 그의 노래에 끌린 잭은 알리와 밤새 이야기를 나누며 노래를 부르다 알리가 천재적인 싱어송라이터라는 것을 감지한다. 알리가 그를 소재로 즉석에서 만든 노래에 감동한 잭은 자가용 비행기를 보내 알리를 자신의 공연에 초대한다. 그 공연에서 잭은 자신이 편곡한 알리의 노래 〈Shallow〉를 알리와 함께 부른다.

I'm off the deep end

Watch as I dive in

I'll never meet the ground

Crash through the surface

Where they can't hurt us

We're far from the shallow now

잭은 알리와 사랑에 빠진다. 알리는 잭을 구원하고, 잭은 알리를 구원한다. 문제는 훌륭한 안목을 가진 프로듀서의 도움으로 알리가 점점 더 크게 성공했다는 것이다. 잭은 소외감을 느끼고 다시 술에 매몰된다. 어쩌면 알리의 존재와 상관없이 잭은 자멸할 운명이었을지도 모른다. 그런 운명은 일종의 병이다.

알리가 그래미 어워드에서 신인상을 받던 날, 술에 취한 잭은 알리를 축하하러 올라간 무대에서 실수로 오줌을 싼다. (그 일 때문만은 아니지만) 잭은 자살한다. 잭의 자살은 안타깝지만 그 누구도 막을 수 있었을 것 같지는 않다. 세 번이나 영화로 만들어진 이야기지만 이야기의 힘은 여전하고 그 힘을 전하는 음악의 힘은 정말 대단하다. 〈라라랜드〉도 좋았지만 〈스타 이즈 본〉이 더 좋았다. 〈라라랜드〉가 청춘 영화라면 〈스타 이즈 본〉은 어른 영화다.

〈스타 이즈 본〉과 결은 다르지만, 〈중쇄를 찍자!〉라는 일본 드라마가 있다. 이 드라마는 유도 선수였던 구로사와 코코로(구로키 하루)가 부상으로 유도를 그만두고 출판사에 입사해 만화 편집자로 성장하며 겪는 이야기다(1회는 다소 지루한데 2회부터는 금방 빠져들 수 있다). 거기서 내가 가장 인상적으로 본 에피소드는 5회에 나온 운을 모으는 사장과 부편집장의 이야기였다. 하지만 7회의 에피소드도 만만치 않다.

구로사와가 발굴한 신인 만화가 중에 나카타 하쿠(나가야마 젠토)라는 사람이 있다. 어린 시절 부모에게 학대를 받았고(그래서 누군가 자기를 통제하려는 것을 병적으로 싫어한다) 할아버지 손에서 자란 그는 그림을 잘 못 그리고 공감 능력도 떨어지지만, 창의적이고 거대한 이야기를 지치지 않고 만들어내는 능력이 있다. "이게 무슨 만화가의 그림인가"라는 생각을 하다가도 강렬한 이야기에 빠져들게 만든다. 나카타는 머릿속으로 끊임없이 분출하는 이야기들을 잘 그리고 싶다는 생각에 원로 만화가 미쿠라야마 류(고히나타 후미요)의 문하생으로 들어간다. 그는 그곳에서 20년째 문하생으로 일하며 만화가 데뷔를 준비하는 누마타 와타루(무로 쓰요시)를 만난다. 누마타는 성격도 무난하고 만화도 사랑하지만 번번이 데뷔에 실패한다. 우연히 나카타의 콘티를 보고 좌절한 누마타는 번민 끝에 만화가의 꿈을 접고 고향으로 내려간다.

　이렇게 써놓으니 별거 아닌 것 같지만 상당히 무거운 얘기다. 모차르트를 만난 살리에리의 가슴 아픈 이야기 같다. 다만 이 드라마의 살리에리는 모차르트를 독살하는 대신 자신이 만화를 그만두는 성숙한 선택을 할 뿐이다. 인간은 자신의 목표를 관철하기 위해 노력하며 성장한다. 설령 실패하더라도 그 과정은 인간을 성장시킨다. 문제는 노력하고 노력해도 원하는 목표에 다가서지 못할 때, 누군가는 탁월한 재능으로 그 목표를 빨리 이룬다는 것이다. 그때의 좌절은 재능의 결핍에 관한 것일 수도, 과감하지 못한 자신의 성격에 관한 것일 수도 있다. 매일 밤낮으로 만화를 생각한다고 살았던 사람에게 그 깨달음은 참 큰 좌절이다.

　누마타의 만화를 우연히 본 나카타는 감동받고 울다 묻는다. "이 만화를 어떻게 이해시켰나요?" 자신의 만화를 이해시키지 못했지만 언젠가 꼭 인정받을 거란 믿음으로 버텨온 누마타의 20년 세월이 나카타의 이 한마디에 무너진다. 누마타는 누구도 이해시키지 못했기 때문이다. 이 드라마의 미덕은 그 깨달음이 자기 파괴로 이어지는 것이 아니라 다른 선택으로 바뀐다는 점에 있다. 가슴 아프지만 절망적이지는 않다. 힘들긴 해도 자신이 선택한 삶의 다음 단계로 넘어가기 때문이다. 누마타는 고향으로 내려가 부모님의 사케 가게를 이어받는다.

인간은 모두 한계를 갖는다. 그 한계를 넘어서려 노력하면 근사해진다. 설령 그 노력이 실패하더라도 마찬가지다. 나는 멋진 실패를 꿈꾸지만 아직까지 그런 위대한 실패를 해보지 못했다. 위대한 실패를 각오하는 시도는 대개 성공해서다. 하지만 어떤 경우, 누마타처럼 최선을 다했는데도 이루지 못하는 경우가 생길 수 있다. 물론 혁신의 요소는 늘 있기 마련이고 왜 만화가로 성공하지 못했는지 살펴보면 누마타에게도 꽤 많은 문제점이 있었을 것이다. 노는 시간이 많았을 수도 있고, 집중력이 약했을 수도 있고, 소재를 찾으려는 노력이 부족했을지도 모른다. 무엇보다 자신의 만화를 다른 사람에게 이해시킬 힘과 에너지와 능력이 없었을 수도 있다. 누마타가 어느 순간 미련 없이 만화가의 꿈을 접은 이유는 그 한계를 넘어서는 혁신은 도저히 불가능하다는 결론(혹은 예상)에 도달해서일 것이다. 자신의 한계를 가장 잘 아는 사람은 자기 자신이다.

간혹 뼛속 깊이 자각한 한계를 다른 사람이 부정하는 경우도 있다. 예를 들어 미국 최고 명문대에 입학한 자식이 정신과 육체의 한계를 느끼고 "더 이상 못 버티겠어요"라고 말할 수도 있다.

그때 "넌 할 수 있어", "조금만 버티면 인생의 주단이 펼쳐져"라고 아이를 격려하는 건 부모의 이기심일 뿐 정말 아이를 위한 게 아닐 수도 있다. 그런 상황에서 자살 같은 극단적인 선택을 하는 게 어느 정도는 이해가 된다.

"더 이상 버틸 수 없다"는 감정과 "누구도 나를 이해해줄 수 없다"는 감정이 뒤엉키는 건 참 무서운 일이다. 억울함과 분노는 너무 강력하다. 그런 감정을 한 번도 경험해보지 못한 사람도 있지만 매일매일 그런 감정을 느끼며 사는 사람도 많다. 그런 감정은 삶을 반전시키는 강렬한 에너지일 수도 있지만 때로는 거대한 부담이자 짐이며 벗어날 수 없는 함정이다. 성숙함은 절묘한 균형을 이룩해 얻을 수 있겠지만, 그건 아무나 혼자서 쉽게 얻을 수 있는 것이 아니다. 어떤 경우에는 스타가 만들어지는 것 자체가 승부가 아닌 운명의 결과가 아닐까 생각한다.

* 잭은 왜 죽었을까.

처음 이 영화를 봤을 때 잭의 자살은 삶의 한계에 도달한 인간의 어쩔 수 없는 선택 같았다. 다시 이 영화를 보고 〈I'll never love again〉을 듣다 깨달은 건 이 남자는 정말 다시 누군가를 만나 사랑하고 싶지 않았다는 거였다.

예술가에게 사랑은 영감의 원천이지만 이 원천이야말로 (이해가 결여될 때는) 고통의 심연이 될 수 있다. 그는 알리와 함께 사랑하고, 노래를 만들고 부를 수 있길 바랐지만 그게 가능하지 않다는 걸 이미 알고 있었다. 잭은 알리를 만나기 전에 부서졌고 부서진 자신을 알리가 구원해줄 거라 기대했지만, 인간이 다른 인간을 구원한다는 건 애당초 불가능하다. 다시는 다른 여자를 사랑하고 싶지 않은데, 자신의 사랑이 파국을 향해 가고 있다는 걸 알아버렸을 때, 잭에게 남은 선택지는 죽음밖에 없었다. 잭은 알리가 아닌 다른 여자의 사랑도 얻을 수 있었을 것이다. 다만 자신이 그 사랑을 받아들이지 못할 뿐이다. 자신의 가슴에서 다시는 다른 불꽃이 일어나길 바라지 않았던 남자의 노래는 결국 유서가 돼버렸다.

10.
21.

1.
지금까지 살면서 죽는 것 말고는 이 억울함이 풀리지 않겠구나 싶었던 적이 딱 한 번 있다. 그때 나는 쿨한 척하는 10대 소년이었다. 그때와 지금의 나는 너무 다르다 생각하지만 2층 베란다에서 어두운 하늘을 보며 느꼈던 답답함은 어제 일처럼 또렷하게 생각난다. 그런 감정을 기억하기에 친구를 사귀면서, 일을 하면서, 그리고 무엇보다 아이를 키우면서 상대의 얼굴에 내가 느낀 것과 비슷한 억울함이 보이는 것 같으면 나는 금방 말투와 표정을 최대한 따뜻하고 너그럽게 바꾼다. 아이의 입장이 도저히 이해되지 않을 때도 마찬가지다. 내가 사랑하는 사람이 억울해하는데 책임을 묻는 건 가혹한 일이다. 울먹울먹할 때는 그 책임에 제대로 답할 수 없다.

2.
며칠 전 유교의 가르침은 사회가 잘되려면 개인의 이익보다 사회의 이익을 우선시해야 한다는 것이라는 글을 썼다. 여러 명이 공자의 어떤 말이 개인보다 집단을 우선시하는 것처럼 느꼈냐고 물었다. 그 질문에, '君子兪於義 小人兪於利'라고 대답하고 있다. 공자는 의로운 일이 아니면 이로운 일은 생각도 하지 않는다고 했지만, 스티브 잡스는 해로운 일이 아니라면 타인의 어떤 이로운 일도 가능하다고 믿었다. 둘 사이에는 거대한 차이가 있다. 캐나다가 마리화나와 동성결혼을 합법화하는 것도 같은 맥락으로 보면 쉽게 이해가 갈 것이다. 스티브 잡스는 하버드 대학을 졸업한 지원자가 "마리화나를 피워 본 적이 없다"고 하면 그런 자세로 뭘 만들 수 있겠느냐고 조롱했다. 공자는 절대로 캐나다와 스티브 잡스를 이해할 수 없을 것이다.

10.
23.

나는 대안 없는 삶을 싫어한다. 운명적이라고 생각해야만 하는 상황은 끔찍하다. 대안을 가지려면 늘 필요한 것보다 조금 더 생각하고 노력해야 한다.

10.
24.

위대하게 실패하려는 노력만이 작은 성공을 보장할 뿐이다.

11.
04.

담배를 끊은 지 100시간이 지나면 혈류에서 니코틴이 완전히 사라진다. 찰스 두히그Charles Duhigg에 의하면, 담배를 끊고 한 달이 지나도 담배가 생각나는 건 많은 경우 몸이 필요로 해서가 아니라 니코틴에서 얻은 정신적 황홀감을 기억하기 때문이라고 한다. 어떤 습관이 주는 보상을 정확히 가려내지 않으면 습관을 없애는 건 어렵다. 보상은 인간 행동 곳곳에 숨어 있다. 트레이시 싱클레어에 의하면 샴푸와 치약의 거품도 엄청난 보상이다. 계면활성제는 청결 때문이 아니라 거품을 만들기 위해 첨가한다. 머리를 감거나 이빨을 닦을 때 생기는 거품이 인간에게 머리를 감고 이빨을 닦게 만들기 때문이다.

술을 좋아하진 않지만 술자리의 분위기를 즐긴다는 사람이 많다. 알코올 중독의 메커니즘을 정확히 묘사한 말이다. 찰스 두히

그에 의하면 술은 현실 도피, 긴장 완화, 동료애, 번민의 망각을 주기에 마음의 위안을 갈망하는 인간을 중독시킨다. 술에 취한 기분을 원하는 중독자는 극히 드물다. 알코올 중독자를 치료하는 AA(Alcoholics Anonymous, 익명의 알코올 중독자들)는 알코올 중독자들에게 술로 얻는 보상이 뭔지 찾아보라고 권한다. 그걸 알아야 중독에서 벗어날수 있어서다. 술이 주는 보상이 물리적 쾌락이 아닌 마음의 위안과 관련될 경우 주관하는 뇌의 부분이 완전히 달라진다. 영화에서 알코올 중독자들이 모여 이야기를 나누는 건 마음의 위안을 주려 하는 것이다. 따라서 근심거리가 없어지지 않는 한, 술을 마시는 습관을 끊어도 술을 마시고 싶은 욕구는 사라지지 않는다.

근심거리를 완전히 없애는 건 불가능하기에 스트레스와 불안감을 해소할 다른 방법(새로운 반복 행동, 즉 습관)을 찾지 않으면 알코올 중독에서 벗어날 수 없다. 찰스 두히그에 의하면, 나쁜 습관에는 나름의 보상 체계가 있다. 쓸데없이 간식을 먹는 사람은 허기를 채우려는 게 아니라 지루함을 떨치거나 잠깐의 해방감을 위해 간식에 중독된다. 인간은 식탁에 있는 아이스크림이나 치킨을 보면 배가 고프지 않아도 먹고 싶어 한다. 그런 열망이 밀려오면 충동을 억누르기 어렵다. 치킨을 딱히 좋아하지 않아도 치킨을 먹어야 그 열망이 충족된다.

인간의 자기 파괴적인 습관은 대체할 자기 건설적인 습관을 찾지 못하면 벗어나기가 쉽지 않다. 그리고 더 많은 스트레스를 받아 불안해지면 자기 건설적인 습관으로 통제되지 않는 경우도 발생한다. 직장에서 잘리거나 이별을 하면 다시 술을 마시게 되는 것과 같다.

11.
06.

<u>1</u>.
박진영이 면접을 보고 학벌, 성별, 인맥과 상관없이 열정과 간절함만으로 슈퍼 인턴을 뽑겠다고 공언했다. 11월 18일까지 지원자를 모집한다(JYP가 아닌 Mnet 홈페이지에서 채용공고를 낸 걸 보니 일종의 예능이다). 열정과 간절함이 살아가는 데 좋은 덕목인 건 분명하다. 하지만 회사를 경영하다 보면 열정과 간절함만으로 되지 않는 일도 많다. 학벌이 필요 없는 일이라는 건 어떤 의미에서는 전문성이 전혀 없는 일이란 의미다. 아마 연예기획사는 전공의 전문성이 딱히 필요 없고 이런 식의 화제성이 절실해서 가능할 것이다.

박진영은 청년 실업률이 10퍼센트를 넘어가는 게 문제일까, 아니면 취업 과정이 공정하지 않은 게 문제일까 자문하는데, 사실

청년 실업률이 10퍼센트를 넘어가는 건 사회적으로 심각한 문제고, 취업 과정이 공정하지 않다면 구직자보다 회사에게 더 심각한 문제다.

열정은 학벌보다 정량화하기가 훨씬 더 어려운 지표라 저 인턴 뽑기는 몹시 자의적인 이벤트가 될 가능성이 높다. 정량화할 수 없는 자의적인 기준일 경우 지원자는 공정하지 못하다고 느낀다. 학벌 대신 열정으로 사람을 뽑는 회사는 대개 임금 수준이 낮고 노동 시간은 많을 가능성이 높다.

2.
몇 주 전 대기업 임원을 만나 이런 대화를 나눈 적이 있다.

"얼굴이 안 좋아 보이네요."
"피곤해요."
"회장님이 피곤한 스타일인가 봅니다."
"사람을 잘 믿지 않고 의심이 많죠."
"CEO로서는 좋은 덕목이네요. 하지만 독이 될 수도 있을 텐데요."
"배신을 많이 당해서 그래요."
"도대체 누구한테요? 속을 일이 별로 없을 것 같은데."
"많죠. 임원들은 대부분 거짓말을 하거든요. 잘돼가고 있다. 잘

될 거다."

"시간이 지나면 거짓말인 게 드러날 텐데."

"회장이 처음에는 사람 말을 믿었다고 해요. 말의 논리성과 설득력 같은 거. 하지만 배신을 당했다는 걸 알았대요. 그다음엔 사람 눈을 믿었다고 해요. 눈을 보면 본심을 알 수 있다고 생각한 거죠. 사람 공부도 많이 했다는데, 결국 실패했어요. 이제 결과 말고 다른 건 아무것도 믿지 않아요. 오로지 결과. 결과가 안 좋으면 말을 잘해도, 눈이 진실해도 다 버립니다."

"엄청난 사실을 깨달은 분이네."

직원 선발 과정을 공정하게 하는 것도 중요하다. 하지만 조직을 이끄는 데 필요한 건 성과 평가의 공정함이다. 그게 몇 배는 더 중요하다. 조직의 성과를 총괄하는 리더(임원) 평가는 특히 더 그렇다. 결과로 모든 것을 평가하는 조직은 냉정하고 혹독하다. 하지만 (특히 사업부 단위의 리더를 평가하는 방식으로는) 맞는 방식이 아닐까 싶다.

11.
11.

__1.__
인간이 가진 에너지의 총량에는 한계가 있다. 그 에너지는 어떤 변곡점에 도달하면 시험을 받는다. 충격을 받아 갑자기 고갈되는 것이다. 서비스업이라면 진상 고객을 만났을 때가 그런 경우다. 좋은 회사는 그런 상황에서 직원들이 어떻게 대응해야 하는지 자세하게 가르친다. 찰스 두히그에 의하면 스타벅스는 바리스타들에게 진상 고객을 상대하는 구체적인 대응법을 가르친다고 한다 (그런 대응법을 배운 사람들은 매장뿐 아니라 삶에서도 대응법이 생긴다는 게 두히그의 주장이다). 투자자가 직면하는 에너지 고갈 상황은 손실이 일정 한도를 넘어가는 상황일 것이다. 그럴 때를 대비해 플랜을 짜놓지 않으면 에너지가 고갈될 뿐 아니라 일이 삶에 나쁜 영향을 주고 만다.

에너지의 총량이 늘어나는 방법도 있다. 가장 쉬운 건 할 일 리스트를 만드는 것이다. 그러면 시간을 통제할 수 있다. 리스트를 만들 때 이미 머릿속에 체계가 만들어지기 때문이다. 조직 관리자에게는 직원들이 해야 할 일의 이유를 깨닫게 하는 것도 중요하다. 매뉴얼을 구체적으로 만드는 것은 1차적이다. 고차원에 도달한 회사는 자율성의 영역도 확보하게 도와줘야 한다.

그 대상이 아이라면 아이 스스로 삶의 원리와 원칙을 정했다는 생각이 들게 해줘야 한다. 대화를 할 때도 아이들 스스로 생각해냈다는 기쁨을 느낄 수 있게 대화의 논리적 구조를 설계하는 것도 좋을 것 같다.

2.

어젯밤 아이들과 〈어벤져스: 인피니티 워〉를 봤다(네이버에서 10,900원을 주고 샀다). 그냥 조용히 본 게 아니라 보면서 아이들과 엄청나게 수다를 떨었다. 아이들이 영화보다 대화를 좋아하는 게 눈에 보였다.

11.
12.

위기가 기회란 말에 냉소적인 사람이 많지만 조직의 관성을 차단하고 새로운 책임을 부여하는 동기는 위기가 아니면 얻기 어렵다. 자기 합리화가 강하고 배타적이며 수용성이 낮은 조직일수록 위기가 아니면 변화할 수 없다.

11.
13.

뭔가를 금지해서 문제를 해결하려는 건 초등학교 6학년도 할 수 있다. 사실 뭔가를 전면적으로 금지하는 것은 의도와 달리 암묵적으로 용인하는 결과를 가져온다. 불법이기에 그로 인한 경제적 과실은 나쁜 사람들이 가져간다. 한때 술을 금지했던 미국이 결국 금주법을 폐지했던 이유도 완벽하게 막을 수 없는 걸 금지시켰더니 사실상 용인에 가까운 결과가 나타났기 때문이다. 음주가 그렇고, 마리화나가 그렇고, 성매매가 그렇다. 그런 걸 전면적으로 금지하는 나라들은 대개 도덕적인 위선에 사로잡힌 경우가 많다. 하지만 논쟁은 무용하다. 논거가 단단한 사람은 대개 이런 논쟁에 뛰어들지 않는다. 예를 들어 경제학자들은 이런 것에 대한 전면적 금지보다 제한적 합법화에 동의하지만 대부분 본인들과 상관없는 문제라 개입하지 않는다.

11.
21.

나는 아이들이 너무 착해서 내 말을 잘 듣는 게 좋은 신호라 생각하지 않는다. 우선 나 자신이 고분고분하고 말을 잘 듣는 아이가 아니었다. 말 잘 듣는 아이는 어느 정도 취약함이 있다는 걸 알고 있었다. 그런 아이가 되기 싫었다. 그래서 바득바득 대드는 아이의 고집을 좋아한다. 뭔가를 갖고 싶다는 아이의 과도한 욕망을 억누르면서도(왜 자전거를 여러 대 사야 하는 건지 잘 모르겠다) 그 욕망이 가진 탄성을 좋아한다. 아무리 좋지 않은 대학, 좋지 않은 회사를 다녀도 자신의 잠재력을 의심하지 않으며, 나는 결국 큰일을 할 거라고 믿는 사람. 그렇게 믿는다면 지금 당장 사정이 좋지 않아도, 쪽팔려도 결국은 그렇게 된다고 생각한다. 그런 일이 생기면 누가 시키지 않아도 새벽에 일어나고, 링에 오르게 된다.

11.
23.

한국의 50대가 20대를 이해한다는 건 어렵다. 그들은 사실상 다른 나라 출신이다. 한국의 50대는 1인당 국민소득이 5천 달러 미만인 개발도상국에서 유년을 보냈다. 한국의 20대는 1인당 국민소득 2만 달러가 넘는 나라 출신이다. 서로가 서로를 이해할 수 있을 리가 없다.

11.
24.

1.
트레이딩을 처음 시작했던 2001년 나는 내가 트레이더로서 상당한 감을 타고난 줄 알았다. 처음 국채 선물 트레이딩을 시작했을 때 2주 넘게 매일 돈을 벌었다. 장을 마감하고 결재를 받으러 갔는데 결재를 해주던 팀장님(업계에서 아주 드문 고등학교 선배였다)이 "본인이 대단하다고 생각해 여기저기 자랑하고 싶겠지만 얼마 가지 못할 것"이라고 웃으며 말했다. 그 말을 들으면서도 '나는 다르다'고 생각했다. (심지어 이렇게 매일 돈을 벌면 회사를 다닐지 말지에 대해서도 생각했다. 맙소사.) 하지만 나 역시 다르지 않았고 결국 대다수 트레이더가 보이는 성과의 정규분포에 수렴하고 말았다. 그렇게라도 깨달았으니 다행이다.

2.

마이크 타이슨이 한 명언 중에 "Everyone has a plan 'till they get punched in the mouth"라는 말이 있다. "모든 복서는 얼굴을 쥐어터지기 전까지는 자신만의 계획을 갖고 있다"는 뜻이다. 투자와 트레이딩의 세계도 비슷하다. 경험이 많고 노하우가 있는 트레이더는 지금 자신의 포지션이 어떤 상태인지 안다. 지금 포지션이 잘나가고 있지만 좀더 욕심을 부리면 이익을 약간 더 보거나 큰 손실이 될 거라는 느낌, 지금 포지션이 손실로 고통받고 있지만 버티면 결국 승리할 거란 확신, 심지어 이 포지션을 접는 순간 시장이 반대로 움직이며 나를 암흑의 회한에 빠뜨릴 거란 것까지, 경험이 많은 트레이더는 잘 알고 있다. 이익과 손실과 생각과 고민으로 만든 감각이 트레이더를 그렇게 만드는 것이다.

호황과 불황, 거품과 금융위기, 인플레이션과 디플레이션을 다 겪어본 트레이더는 금융시장의 감성이 시간을 갖고 반복된다는 걸 알고 있다. 문제는 아는 것과 실제 행동은 다를 수 있다는 것이다. 조금만 버티면 된다는 걸 알면서도 결국 포지션을 정리해야 할 때가 있다. 보스가 "죽을래?"라고 눈을 부라리면 버틸 재간은 없다. 대부분은 그렇게 해서 돈을 번다 해도 짤릴 테니까.

과연 복서와 트레이더의 세계만 그럴까? 얼마 전 가을 야구에서 넥센과 SK의 엎치락뒤치락하는 연장 10회 경기를 보니, 홈런이 될 공을 던지는 투수는 공을 던질 때부터 이 공이 홈런이 될 거란 걸 알 수도 있다는 생각이 들었다. 어쩌면 보통 사람도 비슷하지 않을까. '어제처럼 계속 살다가는 이번 생은 글렀군'이라고. 마음 한구석은 이미 정답을 알고 있을지도 모른다.

11.
29.

'시장이 포화상태인가?'라는 질문에 모든 기존 사업자는 포화상태라고 말할 것이다. 시장의 포화 여부를 시장 참여자보다 정부가 더 잘 안다고 믿었던 국가가 소련과 중국이었다. 가격은 경쟁이 심화돼야 하락하고 그래야 소비자 후생이 높아진다. 그 상황을 혁신으로 다시 극복해야 하는 게 시장의 숙명이다. 삼성전자가 우주 최고의 스마트폰을 내놓아도 멀지 않아 시장은 비슷한 핸드폰으로 포화된다. 삼성전자는 독점 상황에서 배타적으로 높은 마진을 잠깐 동안만 누릴 수 있을 뿐이다. 시장의 모든 존재는 사라지기 전까지 혁신의 굴레를 벗어날 수 없다.

정부가 할 일은 경제 주체가 혁신을 위해 공정하게 경쟁하는지 살펴서 그렇지 않은 자들을 응징하고, 혁신을 위해 몸부림치다 장렬하게 사라지는 존재들을 사회안전망으로 위무하는 것이다.

그래야 다음 혁신의 존재들이 도전할 열정을 유지할 수 있다. 카페의 혁신은 스타벅스를 이겨보려는 마음에서 나오지, 스타벅스의 출점을 제한한다고 생기지 않는다. 스마트폰의 혁신은 아이폰을 이겨보려는 마음에서 나오지, 애플 스토어의 오픈을 막는다고 생기지 않는다. 물론 혁신은 피곤하다. 하지만 혁신 없이 더 나은 삶은 오지 않는다.

12.
07.

어제 후배 트레이더 K에게 자신의 뷰와 다른 포지션을 갔다 손실을 보고 당황한 분의 이야기를 들었다. 경험이 적은 트레이더에게는 너무 흔한 일이라 놀랍지도 않다. 장기적인 가격의 움직임과 단기적인 가격의 움직임이 달라서 벌어지는 일이다. 경험이 쌓이면 그런 일은 확실히 줄어든다. 고통이 각인돼 있기 때문이다. 중요한 건 승리의 기쁨을 각인하는 것이다. 하지만 링에 올라본 경험에 의하면 승리는 우연인 것만 같고 패배는 실력의 결과인 것만 같다. 원칙에 따르지 않은 승리가 만든 불신일 것이다.

12.
08.

아이들은 어른들이 나누는 대화에서 많이 배운다. 의도적인 대화가 아닐 때 더 많이 배운다. 대화를 들으면서 저렇게 되고 싶다는 욕구 혹은 저렇게 되고 싶지 않다는 욕구가 조용히, 하지만 강렬하게 발화하는 것이다.

12.
15.

 낙태죄를 다룬 〈시민의회〉라는 KBS 프로그램을 봤는데 낙태죄 폐지 찬성론자인 이한본 변호사의 주장이 가장 정확했다. 낙태죄로 처벌받는 여성이 극히 적고(1년에 스무 명이 채 안 된다) 대부분 악용하려는 남성(대부분 전 여자친구와 부인을 스토킹한다)의 고발에 의한 경우다. 존재 의미가 없고 오히려 악용되는 법을 유지하고 있는 이유는 위선과 무지 때문이다.
 낙태가 나쁘다, 안전하지 않다, 태아는 감각이 있다, 낙태 후 임신이 어렵다 등의 주장에 근거하는 낙태죄 폐지 반대론자들의 주장은 자기중심적이며 비현실적이다. 낙태가 좋은 일은 아니지만 왜 개인에게 맡길 수밖에 없는지에 대한 고려가 없다. 낙태에 대한 선택권이 필요한 건 임신과 출산의 사회·경제적 비용을 여성 혼자 감당할 수 없기 때문이다. 낙태죄 폐지 반대론자들은 그 비용을 대신 지불할 생각은 없다. 그들 중에서는 국가가 그 비용을 감당해야 한다고 주장하는 이도 있다. 말은 그럴 듯하지만 본인도 원치 않는 출산을 왜 다른 사람이 낸 세금으로 감당해야 하는지 의문이다. 나는 낙태죄 폐지에 반대하는 사람들만 돈을 내면 된다고 생각한다.

낙태에 찬성하지 않지만 낙태할 권리에 찬성할 수는 있다. 첫째는 그것이 여성 건강에 기여하기 때문이고 둘째는 비용을 부담할 사람이 선택권을 가지는 게 옳아서다. 이미 많은 나라에서 낙태죄는 폐지됐고 한국이 갈 방향도 정해져 있다. 경제학적으로 보면 비용을 부담해야 하는 쪽과 편익을 보는 쪽이 다르면 그 제도나 행동은 계속 유지되고 강제되기 어렵다. 유지되기 어려운 건 빨리 바꾸는 게 최선이다.

12.
19.

직업윤리가 부족한 인간은 멀리해야 한다. 특히 평소에 정의를 부르짖지만 직업윤리는 형편없는 인간은 절대 가까이하면 안 된다. 그런 인간은 최악이다. 그런 사람이 당신의 부모고 절친이고 배우자라면 당신은 이미 한번 망한 것이다.

12.
27.

누구나 살다 보면 잘못할 때가 있다. 가정에서도, 친구 사이에서도, 그리고 회사에서도. 문제는 그 잘못보다 심하게 질책을 받는 경우다. 1만큼 잘못했는데 10만큼 비난이 쏟아지는 것이다. 급한 일이 있어 잠시 남의 집 대문 앞에 차를 세워놨을 뿐인데 쌍욕을 먹을 때가 있다. 거래처 사람과 골프를 치러 갔는데, 접대를 받은 게 돼버리고 그게 알려져 비리 직원이 돼버릴 수도 있다. 이럴 때는 정말 억울하고 분하다. 그때 내 잘못은 1뿐이라서 10만큼 쏟아낸 당신의 비난은 온당하지 않다고 말해주고 싶다. 심지어 상대를 패고 싶을 때도 있다. 하지만 아무리 억울하고 분해도 그때는 참고 넘어가야 한다. 다시 만날 일이 있는 상대인지 아닌지 몰라도 명분의 우월함을 완벽하게 확보하기 전까지는 참아야 한다. 물론 목숨과 운명이 걸린 일이라면 다른 일이지만.

12.
28.

하워드 가드너Howard Gardner는 시대정신Zeitgeist을 믿지 않았다. 역사는 우연적인 것이며 미래에 생길 일을 규정하는 정신은 존재하지 않는다고 믿었다. 개인은 시대정신을 만들어내거나 매개하는 역할을 할 수 없고 빗나간 총탄이나 화산, 폭탄 같은 우연한 사건이 역사를 바꾼다고 생각했다.

그가 쓴 피카소에 관한 글이 인상적이었다. 피카소에게는 지지자와 후원자가 있었고 특히 경쟁자가 있었다. 지지자와 후원자를 얻기도 힘들지만 괜찮은 경쟁자를 만나는 건 매우 어렵다.

내게 잘해주는 사람과 내가 잘해주고 싶은 사람 가운데 내게 잘해주는 여부로 사람을 선택하면 병리적 의존성이 생긴다. 인간은 연약한 존재라 병리적 의존성을 가졌다고 비판할 수는 없지만, 연약함을 극복할 원칙을 세우고 원칙에 의존해 극복하는 사람을 좋아한다. 원칙이 있는 사람은 단호할 수밖에 없지만 누군가는 그 원칙을 공격적으로 받아들인다. 저는 그런 곳에 가지 않아요. 저는 그런 건 하지 않아요. 저는 그런 건 먹지 않아요. 저는 그런 곳에 투자하지 않아요. 저는 그런 사람을 좋아하지 않아요. 이런 말을 하는 걸 미안해한다면 원칙이 없다는 얘기다(물론 한국처럼 나이가 벼슬인 곳에서는 원칙이 있어도 관철하기가 쉽지 않다).

　나이가 들고 사회적 지위가 올라가면 자신의 원칙이 타인의 삶에도 영향을 준다. 성숙한 인간으로 가득한 성숙한 사회는 그 힘의 의미를 안다. 미숙한 인간으로 가득한 미숙한 사회일수록 원칙은 없고 예측도 불가능하다. 예측이 불가능하다는 건 엄청난 스트레스다.

12.
29.

대다수 인간은 경험을 통해서만 배울 수 있다. 경험은 '일단 해본다'는 단순한 의미가 아니라 자신의 행동에 어떤 의미가 있는지, 행동에 어떤 대가가 따라오는지 깨닫는 걸 말한다. 경험에서 깨달음은 '사전 준비 – 실행 – 사후 반성'의 과정에서 온다. 여기서 중요한 건 실행이 아니라 사전 준비와 사후 반성이다. 교육은 이 과정을 가르치는 것이다. 여행을 많이 다녔는데도 경험이 피상적이고 깊이가 없다면 사전 준비와 사후 반성의 과정이 없기 때문이다.

트레이딩 역시 '사전 준비– 실행– 사후 해석'이 필요하다. 하나라도 빼놓으면 실력은 늘지 않고 결과를 운에 맡기게 된다.

12.
31.

1.
매일 야근하는 50대 부장이 있다. 40대 과장은 그와 매일 저녁을 먹어줬다. 지친 과장은 아래 직원들에게 부장과 저녁 먹는 요일을 정해줬다. 지금은 이런 행위가 갑질이라며 매체에 제보하는 시대다. 그래서 40대의 책임이 무겁지만 어중간한 40대는 50대 부장에게 차마 혼자 먹으라는 말도 못하고, 20대와 30대 젊은 직원이 그건 옳지 않다고 말할 때 반박할 논리도 없다. 고민이 많겠지만 50대 부장에게 "부장님, 저녁은 혼자 드세요"라고 말하는 것밖에는 방법이 없다. 혼자 밥을 먹는 건 사회적 자폐아가 아니라 어른이라면 해야 할 일이다.

나는 회사와 내 관계는 계약 관계에 불과하다고 생각하며 살아왔다. 임원이 되면 좋겠다고 생각했지만 임원이 되는 걸 목표로 삼고 산 적이 없다. 나는 내 세대의 예외적인 인간이었던 것 같지만 지금 젊은 세대에게는 이게 당연한 생각이다. 조직의 이해가 곧 나의 이해라고 생각하는 세대와 그렇지 않은 세대 사이에 낀 중간 세대가 좋은 선택을 해야 한다. 위아래는 절대 바뀌지 않을 것이다.

보수적인 걸로 유명한 대기업의 임원인 친구가 있는데 부하 직원이 임원보다 먼저 퇴근하는 건 절대 있을 수 없는 일이라고 했다. 젊은 인재들은 그 회사를 점점 기피할 것이다.

2.

얼마 전 본 영화 〈너의 췌장을 먹고 싶어〉에서 남자 주인공이 여자 주인공에게 "네가 생각하는 산다는 건 무엇이냐"고 묻습니다. 여자 주인공은 아파서 살날이 얼마 남지 않은 고등학생입니다. 여자 주인공은 "누군가와 마음을 나누는 것 아닐까"라고 대답하죠.

누군가를 인정하고

좋아하게 되고

싫어하게 되고

누군가와 함께 있고

손을 잡고

포옹하고

때론 엇갈리기도 하고

그게 산다는 거야.

혼자 있으면

살아 있다는 것을 알 수 없어.

그런 거야.

좋아하면서도 밉고

즐거우면서도 우울하고

그런 혼란스러운 감정과

다른 사람과의 관계가

내가 살아 있단 걸 증명해주는 것 같아.

제게는 제가 살고 있는 세계와 함께 이 블로그가 바로 그런 공간입니다.

해피 뉴 이어.